（2023版）

国家电网有限公司供应商资质能力信息核实规范

第九册
辅助设备设施及办公用品

国家电网有限公司　组编

中国电力出版社
CHINA ELECTRIC POWER PRESS

内 容 提 要

本书是《国家电网有限公司供应商资质能力信息核实规范（2023版）》中的《辅助设备设施及办公用品》分册，包括特种车辆，普通生产车辆，车辆卫星定位系统-车载终端，阀厅钢结构、压型钢板、建筑物钢结构，特高压输变电工程地脚螺栓，特高压输变电工程铁塔防坠落导轨装置，滤油机，降噪设施，航空警示装置，输电线路小型无人机巡检系统，防火门，消防系统，智能锁具管理系统，办公计算机，办公类用品和办公设备16项供应商资质能力信息核实规范。

本书可供电力企业物资管理、数据管理等相关专业的工作人员及电力企业物资供应商参考学习。

图书在版编目（CIP）数据

国家电网有限公司供应商资质能力信息核实规范. 第九册，辅助设备设施及办公用品：2023版 / 国家电网有限公司组编. —北京：中国电力出版社，2023.12
ISBN 978-7-5198-8315-7

Ⅰ. ①国… Ⅱ. ①国… Ⅲ. ①电力工业–工业企业管理–供销管理–管理规程–中国 Ⅳ. ①F426.61-65

中国国家版本馆CIP数据核字（2023）第223974号

出版发行：中国电力出版社
地　　址：北京市东城区北京站西街19号（邮政编码100005）
网　　址：http://www.cepp.sgcc.com.cn
责任编辑：王蔓莉
责任校对：黄　蓓　朱丽芳
装帧设计：张俊霞
责任印制：石　雷

印　　刷：三河市万龙印装有限公司
版　　次：2023年12月第一版
印　　次：2023年12月北京第一次印刷
开　　本：787毫米×1092毫米　16开本
印　　张：9.5
字　　数：211千字
印　　数：0001—2500册
定　　价：48.00元

版 权 专 有　侵 权 必 究

本书如有印装质量问题，我社营销中心负责退换

编 委 会

主　任　卓洪树

副主任　任伟理　王增志　宋　岱　宋天民　孙　浩　易建山
　　　　　商　皓

委　员　熊汉武　龙　磊　赵海纲　王培龙　杨砚砚　陈　广
　　　　　张　柯　胡　东　赵　斌　储海东　樊　炜　谭　骞
　　　　　陈少兵　刘俊杰　丁　昊　李　屹　孙　萌　陈秀娟
　　　　　王　健　孙启兵　陈金猛　张敬伟　李　岩　王　琰
　　　　　常　华　赵雪松　许玉斌　周　勇　崔宪杰　胡永焕
　　　　　厉　苗　李海弘　吴　臻　叶　飞　陈世楼　高　雄
　　　　　田国元　蒋恒文　景　胜　傅　林　王　戈　邱　玲
　　　　　张小辉　代继明　刘玉春　金　钢　朱维明　曹志刚
　　　　　任勤让　陈　军　牛燕雄　祝林生　吕洪波　郭瑞军
　　　　　王峰强　李　燕

《国家电网有限公司供应商资质能力信息核实规范（2023版）第九册 辅助设备设施及办公用品》编写人员

熊汉武	孙　萌	储海东	陈金猛	曾思成	张婧卿
孔宪国	李　萍	郝嘉诚	倪长爽	汪　贝	刘　松
王　兵	王　冬	李思行	许志斌	姜璐璐	田　宇
王　伟	孙　成	张冬冬	骆星智	杨　涛	宋永春
宫杨非	王艳艳	张文俊	张旭东	金涌川	孙笑飞
王冠宇	艾　波	范文波	史晓飞	李　巍	唐　宇
郭大海	周　扬	李云龙			

前　言

国家电网有限公司采购电网设备材料主要采用公开招标的方式。在电网设备材料的招标文件中，对投标人的资质业绩、生产能力做了明确要求。供应商投标时，在投标文件中需要提供与资质业绩、生产能力相关的大量支持文件，专家在评标时也只能根据投标文件对供应商进行评价。为减少供应商制作投标文件时的重复性劳动，国家电网有限公司开展了供应商资质能力信息核实工作。

为确保供应商资质能力信息核实工作的严谨规范，国家电网有限公司组织编制了涵盖主要输变电设备材料、仪器仪表、辅助设备设施等物资类及服务类供应商资质能力信息核实规范，对供应商资质情况、设计研发、生产制造、试验检测、原材料/组部件管理等方面的核实内容、核实方法及有关要求做了明确的规定。本套核实规范不仅是国家电网有限公司开展供应商资质能力信息核实的依据，同时供应商也可以对照核实规范自查与改进。

国家电网有限公司将供应商资质能力信息核实作为一项常态化工作，定期组织开展，供应商自愿参加。供应商将相关资质业绩信息填入电子商务平台中的结构化模板，国家电网有限公司组织相关专家根据供应商提交的支持性材料，通过现场核对的方式对电子商务平台中的信息进行核实。供应商投标时可直接应用已核实的资质能力信息，不再出具对应事项的原始证明材料，实现"基本信息材料一次收集、后续重复使用并及时更新"。这不仅大大降低了投标成本，也避免了供应商在制作投标文件时因人为失误遗漏部分材料而导致的废标，进一步优化了营商环境。

资质能力信息核实并非参与投标的前置必备条件，未参加核实的供应商仍可正常参与招投标活动。国家电网有限公司没有设置"合格供应商名录"。2020 年开始，取消"一纸证明"发放，强化信息在线公示及应用，供应商随时登录电子商务平台查看，对核实过的资质能力信息，供应商投标时可直接在线应用，但其不是资格合格标志，仅作为评标时评审参考。

国家电网有限公司已出版《供应商资质能力信息核实规范（2022 版）》第一册至第五册，涵盖输电变电配电网络主要设备、材料、营销类物资，本次将 2022 版中未出版的核实规范按产品类别及适用范围，整理分编为 35kV 及以上输变电设备（二），营销、二次设备、信息化设备、通信设备（二），仪器仪表，辅助设备设施及办公用品，工程服务及水电物资五个分册，形成《供应商资质能力信息核实规范（2023版）》。系列丛书共二版十册，涵盖126项核实规范。

核实规范在编制中，得到了国家电网有限公司各单位、相关专家及部分供应商的大力支持与配合，在此表示衷心的感谢！

核实规范涉及内容复杂，不足之处在所难免，希望国家电网有限公司系统内外各单位及相关供应商在应用过程中多提宝贵意见。

编 者

2023年12月

总 目 录

前言

特种车辆供应商资质能力信息核实规范……………………………………………………1

普通生产车辆供应商资质能力信息核实规范…………………………………………………16

车辆卫星定位系统–车载终端供应商资质能力信息核实规范………………………………20

阀厅钢结构、压型钢板、建筑物钢结构供应商资质能力信息核实规范……………………25

特高压输变电工程地脚螺栓供应商资质能力信息核实规范…………………………………36

特高压输变电工程铁塔防坠落导轨装置供应商资质能力信息核实规范……………………46

滤油机供应商资质能力信息核实规范…………………………………………………………56

降噪设施供应商资质能力信息核实规范………………………………………………………62

航空警示装置供应商资质能力信息核实规范…………………………………………………70

输电线路小型无人机巡检系统供应商资质能力信息核实规范………………………………76

防火门供应商资质能力信息核实规范…………………………………………………………87

消防系统供应商资质能力信息核实规范………………………………………………………101

智能锁具管理系统供应商资质能力信息核实规范……………………………………………119

办公计算机供应商资质能力信息核实规范……………………………………………………132

办公类用品供应商资质能力信息核实规范……………………………………………………136

办公设备供应商资质能力信息核实规范………………………………………………………140

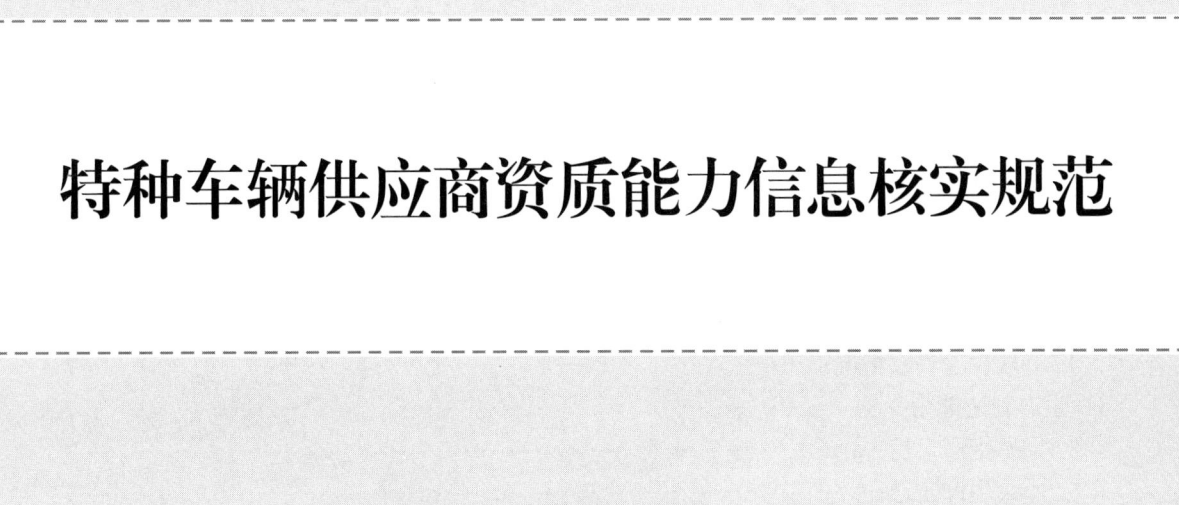

特种车辆供应商资质能力信息核实规范

目　次

1　范围 ··· 4
2　规范性引用文件 ··· 4
3　资质信息 ··· 4
　3.1　企业信息 ··· 4
　3.2　报告证书 ··· 5
　3.3　产品业绩 ··· 6
4　设计研发能力 ·· 6
　4.1　技术来源与支持 ·· 6
　4.2　设计研发内容 ··· 6
　4.3　设计研发人员 ··· 7
　4.4　设计研发工具 ··· 7
　4.5　获得专利情况 ··· 7
　4.6　产品获奖情况 ··· 7
　4.7　软件著作权情况 ·· 7
5　生产制造能力 ·· 7
　5.1　※生产厂房 ··· 7
　5.2　※生产工艺 ··· 7
　5.3　※生产设备 ··· 7
　5.4　※生产、技术、质量管理人员 ··· 7
6　试验检测能力 ·· 8
　6.1　※试验调试场所 ·· 8
　6.2　※试验检测管理 ·· 8
　6.3　※试验检测设备 ·· 8
　6.4　※试验检测人员 ·· 8
　6.5　现场抽样 ··· 8
7　※原材料/组部件管理 ··· 9
　7.1　管理规章制度 ··· 9
　7.2　管理控制情况 ··· 9
8　数智制造 ··· 9
9　绿色发展 ··· 9
10　售后服务及产能 ·· 10

10.1 售后服务	10
10.2 产能	10
附录 A 电气性能试验项目（仅适用于绝缘斗臂车）	11
附录 B 主要生产设备	12
附录 C 主要试验设备	13
附录 D 出厂试验项目	14
附录 E 主要车载设备参考一览表	15

特种车辆供应商资质能力信息核实规范

1 范围

本文件规定了国家电网有限公司对特种车辆供应商的资质条件以及制造能力信息进行核实的依据。

本文件适用于国家电网有限公司特种车辆产品供应商的信息核实工作。包括：巡检车、抢修车、带电工具库房车、电缆故障测距车、低压综合抢修车、高电压试验车、油气检测车、旁路电缆车、移动箱式变压器车、移动环网柜车、移动电源车、旁路开关车、照明车、绝缘斗臂车和高空作业车。对于前 13 种车，下文统一称为"其他特种车辆"。

2 规范性引用文件

下列文件中的内容通过文中的规范性引用而构成本文件必不可少的条款。其中，注日期的引用文件，仅该日期对应的版本适用于本文件；不注日期的引用文件，其最新版本（包括所有的修改单）适用于本文件。

GB 7258　机动车运行安全技术条件
GB/T 9465　高空作业车
GB/T 37556　10kV带电作业用绝缘斗臂车
QC/T 252　专用汽车定型试验规程
CNCA-C11-01　强制性产品认证实施细则　汽车
Q/GDW 11237　配电网带电作业绝缘斗臂车技术规范

3 资质信息

3.1 企业信息

3.1.1 ※基本信息

查阅企业营业执照。

供应商为中华人民共和国境内依法注册的法人或其他组织。

3.1.2 法定代表人/负责人信息

查阅法定代表人/负责人身份证（或护照）。

3.1.3 财务信息

查阅审计报告、财务报表，其中审计报告为具有资质的第三方机构出具。

3.1.4 资信等级证明

查阅银行或专业评估机构出具的证明。

3.1.5 注册资本和股本结构
查阅验资报告。

3.2 报告证书

3.2.1 汽车整车产品定型报告
对于高空作业车和绝缘斗臂车，查阅被核实车辆汽车整车产品定型报告。其他特种车辆查阅被核实车辆整车产品定型报告，或曾购买使用过的车辆购买合同、发票及车辆整车产品定型报告。

a) 汽车整车产品定型报告出具机构为国家授权的专业检测机构，具有计量认证证书（CMA）及中国合格评定国家认可委员会颁发的试验室认可证书（CNAS），且证书附表检测范围涵盖所核实产品。

b) 汽车整车产品定型报告的委托方及受检单位是供应商自身（仅适用于高空作业车及绝缘斗臂车）。

c) 汽车整车产品定型报告中的型号规格与被核实型号规格完全一致。

d) 汽车整车产品定型报告符合相应的国家标准、行业标准、国家电网有限公司企业标准规定的试验项目和试验数值的要求。

e) 产品在设计、材料或制造工艺改变或者产品转厂生产或异地生产时，重新进行完整的汽车整车产品定型试验。

3.2.2 汽车产品强制性认证型式试验报告（仅适用于高空作业车及绝缘斗臂车）
对于高空作业车和绝缘斗臂车，查阅汽车产品强制性认证型式试验报告。其他特种车辆不需查阅此项。

a) 汽车产品强制性认证型式试验报告出具机构为国家授权的专业检测机构，具有计量认证证书（CMA）及中国合格评定国家认可委员会颁发的试验室认可证书（CNAS），且证书附表检测范围涵盖所核实产品。

b) 汽车产品强制性认证型式试验报告生产者（制造商）是供应商自身，且在有效期内。

c) 汽车产品强制性认证型式试验报告中的产品型号与被核实产品型号完全一致。

d) 汽车产品强制性认证型式试验报告符合相应的国家标准、行业标准、国家电网公司企业标准规定的试验项目和试验数值的要求。

e) 产品在设计、材料或制造工艺改变或者产品转厂生产或异地生产时，重新进行完整的汽车产品强制性认证型式试验。

3.2.3 ※电气性能检测报告（仅适用于绝缘斗臂车）
对于绝缘斗臂车，查阅电气性能检测报告。

a) 检测报告出具机构为国家授权的专业检测机构，具有计量认证证书（CMA）及中国合格评定国家认可委员会颁发的试验室认可证书（CNAS），且证书附表检测范围须涵盖所核实产品。

b) 检测报告的委托单位、生产单位是供应商自身。

c) 检测报告中的样品型号与被核实样品型号完全一致。

d) 检验项目报告符合相应的国家标准、行业标准、国家电网有限公司企业标准规定的试验项目和试验数值的要求，试验项目见附录 A。

3.2.4 ※产品目录

对于高空作业车、绝缘斗臂车，查阅被核实车辆在中华人民共和国工业和信息化部公告备案目录的证明文件。其他特种车辆查阅被核实车辆在中华人民共和国工业和信息化部公告备案目录的证明文件，或曾购买使用过的车辆购买合同、发票及车辆在中华人民共和国工业和信息化部公告备案目录的证明文件。

被核实车辆的产品型号为道路机动车辆生产企业及产品目录中的产品型号。

3.2.5 ※强制性产品认证证书

对于高空作业车、绝缘斗臂车，查阅被核实车辆取得的中国国家强制性产品认证证书。其他特种车辆查阅被核实车辆取得的中国国家强制性产品认证证书或曾购买使用过的车辆购买合同、发票及车辆的中国国家强制性产品认证证书。

被核实车辆的产品型号具有中国国家强制性产品认证证书，且在有效期内。

3.2.6 ※排放标准

被核实车辆的环保排放标准符合国家排放标准。

3.2.7 免税车辆目录

查阅被核实车辆的免征车辆购置税的设有固定装置的非运输专用作业车辆目录或免申请列入"免征车辆购置税的设有固定装置的非运输专用作业车辆目录"车辆名称清单。

3.2.8 质量体系管理

具有健全的质量管理体系且运行情况良好，查阅管理体系认证书或其他证明材料。

3.2.9 ※机动车安全运行强制性项目检验报告

查阅被核实车辆的机动车安全运行强制性项目检验报告。

3.3 产品业绩

查阅的供货合同及相对应的机动车销售统一发票。

a) 合同的供货方为供应商自身。
b) 出口业绩须提供报关单，并同时提供中文版本或经公证后的中文译本合同，相关产品电压等级与国内不同时，往下取国内最接近的电压等级。
c) 不认可的业绩有：
   1) 与同类产品制造厂之间的业绩；
   2) 供应商与经销商、代理商之间的业绩。

4 设计研发能力

4.1 技术来源与支持

查阅与合作支持方的协议及设计文件图纸等相关信息。

4.2 设计研发内容

查阅新产品的设计研发能力、试验研发能力、关键工艺技术、质量控制方面的试验研发能力。

4.3 设计研发人员
查阅设计研发部门的机构设置及人员信息。

4.4 设计研发工具
查阅设计研发工具。

4.5 获得专利情况
查阅与被核实车辆相关的发明和实用新型专利证书。

4.6 产品获奖情况
查阅与被核实车辆相关的获奖证书等相关信息，获奖类型必须为省（直辖市）及以上科技厅（部）颁发的科技类奖项。

4.7 软件著作权情况
查阅与被核实车辆相关的软件著作权。

5 生产制造能力

5.1 ※生产厂房（其他特种车辆为非"※"项）
查阅不动产权证书、土地使用权证、房屋产权证、厂房设计图纸等相关信息。

具有与产品生产相配套的厂房，厂房可租用，有租赁合同，且厂房不能临时租用或借用。厂房面积要能满足生产需要。

5.2 ※生产工艺
查阅提供的工艺控制文件、管理体系文件及工艺流程控制记录等相关信息。

5.2.1 工艺控制文件
各工序的作业指导书、工艺控制文件齐全、统一、规范，并与现行的生产工艺一致。其工艺文件中所规定的关键技术要求和技术参数能满足国家、行业标准及国家电网有限公司相关技术规范的要求。各工艺环节中无国家明令禁止的行为。

5.2.2 关键生产工艺控制（其他特种车辆为非"※"项）
产品工艺技术成熟、稳定。从原材料/组部件到产品出厂所规定的每道工序的工艺技术能保证产品生产的需要。生产产品的各个工序按工艺文件执行，现场记录内容规范、详实，并具有可追溯性。现场定置管理，有明显的标识牌，主要生产设备的操作规程图表上墙。有主要工艺控制文件，如上装制造工艺或上装整套系统组装和联调工艺等控制文件。

5.3 ※生产设备
查阅设备的现场实际情况及购买发票等相关信息。
a) 具有与产品生产相适应的改装设备，设备自有，不能租用。主要设备清单详见附录B。
b) 设备使用正常，具有设备维护及保养记录，设备上的计量仪器仪表具有有效期内的检定证书或校准证书。

5.4 ※生产、技术、质量管理人员（其他特种车辆为非"※"项）
查阅人力资源部门管理文件（如劳动合同、人员花名册、社保证明及生产人员培训记录等），包括生产、技术、质量管理等人员数量。结合现场实际情况，观察现场人员的操作水平。

  a) 具有满足生产需要的专职生产人员及技术人员。一线生产人员培训上岗，操作熟练。

  b) 具有质量管理组织机构、质量管理部门及人员。

6 试验检测能力

6.1 ※试验调试场所

查看试验场所现场情况。

具有独立试验区域，试验区域面积、试验环境满足产品试验的需要。

6.2 ※试验检测管理

查阅相关的规章制度文件、原始记录以及出厂试验报告等相关信息。

具有试验室管理制度、操作规程、试验标准，并在操作过程中严格按照规程执行。

6.3 ※试验检测设备

查阅设备的现场实际情况及购买发票等相关信息。

  a) 具有满足全部出厂试验项目的设备。高空作业车、绝缘斗臂车主要设备清单详见附录C。不能租用、借用其他单位的设备或委托其他单位进行出厂试验。

  b) 设备使用正常，具有设备维护及保养记录，设备上的计量仪器仪表具有有效期内的检定证书或校准证书。

6.4 ※试验检测人员

查阅人力资源部门管理文件（如劳动合同、人员花名册、社保证明及培训记录等）。试验人员能独立完成全部试验，操作熟练，能理解和掌握相关国家、行业标准和国家电网有限公司相关技术规范的有关规定，并具有一定的试验结果分析能力。

6.5 现场抽样

6.5.1 出厂试验报告

  a) 对于高空作业车和绝缘斗臂车，查阅出厂试验报告、原始记录及电气性能检测报告。

现场抽查相关型号产品的出厂试验报告、原始记录及电气性能检测报告。其中两份报告及原始记录完整、正确，并存档管理。绝缘斗臂车整车绝缘出厂试验报告，可委托具备电气试验资质的第三方进行。

  b) ※其他特种车辆查阅被核实车辆或相关车辆的出厂试验报告、原始记录及车载设备的检测报告。

出厂试验报告及原始记录完整、正确，并存档管理。

6.5.2 ※抽样检测（其他特种车辆为非"※"项）

原则上现场应对与被核实产品相同或相近型式的产品进行抽样检验。样品应在供应商声明的合格产品中抽取，抽样检验项目一般在出厂试验项目中选取。抽样检验重点核实供应商试验方法、试验场地环境、人员操作能力、仪器设备有效性和产品性能等方面。

现场抽取申请核实产品一辆，抽检两项出厂例行试验项目，出厂试验项目见附录 D，检测结果符合对应产品出厂试验报告。

7 ※原材料/组部件管理

7.1 管理规章制度

查阅原材料/组部件管理规章制度。

具有进厂检验制度或标准，具有原材料/组部件管理制度。

具有主要原材料/组部件供应商筛选制度。

7.2 管理控制情况

查看原材料/组部件管理实际执行情况及组部件合同、报关单及银行流水单等相关材料。

a) 设计选用的组部件满足国家或行业标准要求。采用的原材料/组部件不能有国家明令禁止的材料。高空作业车、绝缘斗臂车收集支腿、底盘、上装、液压元器件等组部件信息；其他特种车辆收集底盘、车载设备等组部件信息。其他特种车辆主要车载设备一览表参考附录 E。

b) 按工艺文件所规定的技术要求和相应管理文件，根据生产计划采购，需有原材料/组部件供应商的评估筛选记录。主要原材料/组部件供应商变更有相应的记录，并在相关工艺文件中说明。

c) 按规定进行进厂检验，验收合格后入库，检测记录完整、详实，并具有可追溯性。

d) 物资仓库有足够的存储空间和适宜的环境，实行定置管理，分类独立存放，标识清晰、正确、规范、合理。

e) 原材料/组部件使用现场记录内容规范、详实，并具有可追溯性。

8 数智制造

应用互联网和物联网技术，打造"透明工厂"，生产制造、试验检验、原材料/组部件管理等信息对买方公开，接入国家电网电工装备智慧物联平台。

加强数字基础设施建设，推动数字技术与先进制造技术融合发展。供应商相关业务数据、原材料/组部件检验数据、生产过程检验数据、出厂试验数据、成品信息数据和视频数据等支持自动采集或系统推送。数据接口需保障数据完整性、正确性、安全性，具有可扩展性、通信实时性等。

9 绿色发展

查看供应商资源能源消耗情况、战略体系、绿色认证及其他支撑材料，包括：

a) 相关油、水、气、煤及电力、热力等能源消耗，建立能源利用统计报表制度，分析生产经营环节能源利用情况。

b) 相关绿色工厂认证、绿色产品标识、绿色供应链管理等相关资质文件。

c) 将绿色发展理念融入战略体系中，并形成明确的绿色发展目标，制定详实且具有操作性的实施路径。

d) 建立、实施并保持支撑企业绿色低碳发展的绿色管理体系情况，包括但不限于能源管理体系、碳排放管理体系、能源计量管理体系等。

e) 使用无害原材料，禁止使用国家明令禁止的淘汰设备、工艺技术等，并应用国家鼓励的节能设备与先进工艺技术情况。

f) 建立完善的绿色采购管理制度，推广绿色包装材料应用，并建立系统的循环利用体系，实施绿色制造情况。

g) 生产环节的大气污染物排放、水体污染物排放、固体废弃物排放、噪声排放等基础排放符合相关国家标准及地方标准要求情况。

10 售后服务及产能

10.1 售后服务

查阅售后服务方案及管理制度、组织机构设置、人员档案、客户投诉处理记录以及售后服务记录等相关信息。

a) 具备电力工程经验的人员，能够保证设备在工程现场进行技术支持。

b) 具备提供24小时电话服务能力，并具有相应的技术服务团队和备品备件。当运行中的设备出现危及系统安全的故障时，具备在规定时间内到达故障现场处理的能力。

10.2 产能

通过现场实际核查情况及供应商提供的产能计算报告，根据产品生产的瓶颈判断产能。

本文件中所有核实内容都将对供应商参与招投标活动有重要影响，其中标记"※"的内容是以往招标必备项的要求，也是重点核实内容，其他未标记"※"的为一般核实内容。

附 录 A
电气性能试验项目（仅适用于绝缘斗臂车）

电气性能试验项目包括：
a) 工作外斗沿面工频耐压。
b) 工作斗外沿面泄漏（2019 年 1 月 1 日之后出具的报告具备此项）。
c) 工作内斗层向耐电压。
d) 工作内斗沿面工频耐压。
e) 工作内斗沿面泄漏。
f) 绝缘臂耐电压。
g) 绝缘臂泄漏电流。
h) 下臂绝缘段工频耐压。
i) 辅助绝缘起重臂交流耐压试验（2019 年 1 月 1 日之后出具的报告适用时具备）。
j) 液压油击穿强度。
k) 绝缘胶管工频耐压。
l) 绝缘胶管泄漏电流。
m) 整车工频耐压。
n) 整车泄漏电流。

附 录 B
主 要 生 产 设 备

a) 高空作业车、绝缘斗臂车主要生产设备见表 B.1。

表 B.1 高空作业车、绝缘斗臂车主要生产设备

序号	生产设备名称	设备功能
※1	切割机	精度高的板类下料，切缝窄、热影响区小、切割面光滑无毛刺
※2	折弯机	臂板等多工步编程折弯，具有角度补偿功能，定位精度高
3	校平机	臂板、转台侧板等下料后调平
※4	焊机设备	结构件的焊接
※5	铣镗床	臂架铰点镗孔加工
※6	车床	销轴零件车削
※7	抛丸机或喷砂室	大型结构件整体表面抛丸除锈
※8	喷涂设备	节约涂料，提高喷涂质量
9	烤漆房	汽车整体烤漆
10	空气压缩机	供应压缩空气
※11	起吊设备	生产中起吊零部件，减轻工人劳动强度，提高效率
※12	液压试验台	液压缸、泵、阀性能
13	覆层测厚仪	油漆厚度
14	高强螺栓轴力扭矩复合检测仪	高强螺栓试验
※15	超声波探伤仪	金属焊缝探伤
16	颗粒检测仪	液压油清洁度测试

b) 其他特种车辆主要生产设备见表 B.2。

表 B.2 其他特种车辆主要生产设备

序号	生产设备名称	设备功能
※1	焊接设备	结构件的焊接
※2	机加工设备	加工零部件
※3	起重吊装设备	生产中起吊零部件，减轻工人劳动强度，提高效率
4	喷涂设备	节约涂料，提高喷涂质量

附 录 C
主 要 试 验 设 备

高空作业车、绝缘斗臂车主要试验设备见表C.1。

表 C.1 主 要 试 验 设 备

序号	试验设备名称	设备功能
※1	测距仪	测量车辆尺寸及作业高度、幅度等

注：其他特种车辆主要试验设备参考6.3条款。

附 录 D
出 厂 试 验 项 目

a) 外观检验。
b) 安全保护装置。
c) 技术参数特性测量。
d) 空载试验。
e) 额定载荷试验（平台下沉量）。
f) 动载试验。
g) 静载试验（平台下沉量）。

附 录 E
主要车载设备参考一览表

主要车载设备参考一览表见表 E.1。

表 E.1 主要车载设备参考一览表

序号	车辆类型	组部件
1	巡检车	经纬仪、高精度测距仪、测高仪、红外热成像仪
2	抢修车	发电机、车顶应急照明
3	带电工具库房车	除湿装置、烘干装置
4	电缆故障测距车	车载电缆故障定位系统
5	低压综合抢修车	发电机、升降照明设备
6	高电压试验车	测试仪、直流电阻测试仪、回路电阻测试仪、变压器变比测试仪、断路器机械特性测试仪、绕组变形测试仪
7	油气检测车	变压器油酸值测试仪、变压器油微量水分测试仪、绝缘油介电强度测试仪、油介损测试仪、变压器油体积电阻测试仪、色谱仪[附带小型载气发生器（空气发生器、氢气发生器、氮气发生器）]、油气分离振荡仪、SF_6 电气设备微量水分测试仪、SF_6 气体纯度分析仪、SF_6 分解产物检测仪
8	旁路电缆车	旁路作业设备、旁路柔性电缆、旁路负荷开关
9	移动箱变车	配电变压器、三单元环网柜、低压控制柜
10	移动环网柜车	六单元环网柜
11	移动电源车	柴油发电机组/UPS 电源、锂电池/飞轮储能模块
12	旁路开关车	旁路负荷开关
13	载货汽车、照明车	照明灯、发电机组

注：现场查看原材料/组部件管理实际使用执行情况及组部件合同、采购发票、报关单及银行流水单等相关材料。

普通生产车辆供应商
资质能力信息核实规范

目　次

1 范围··18
2 资质信息··18
　2.1　企业信息··18
　2.2　报告证书··18
3 试验检测··19
4 售后服务··19

普通生产车辆供应商资质能力信息核实规范

1 范围

本文件规定了国家电网有限公司对普通生产车辆供应商的资质条件信息进行核实的依据。

本文件适用于国家电网有限公司普通生产车辆产品供应商的信息核实工作。包括：
 a) 越野客车。
 b) 工程用车。
 c) 工程用车。
 d) 电动汽车。

2 资质信息

2.1 企业信息

2.1.1 ※基本信息
查阅企业营业执照。
供应商为中华人民共和国境内依法注册的法人或其他组织。

2.1.2 法定代表人/负责人信息
查阅法定代表人/负责人身份证（或护照）。

2.1.3 财务信息
查阅审计报告、财务报表，其中审计报告为具有资质的第三方机构出具。

2.1.4 注册资本和股本结构
查阅验资报告。

2.1.5 商业信誉
查阅企业相关国家、行业或第三方发布的综合实力、品牌等排名。

2.2 报告证书

2.2.1 产品目录
查阅被核实车辆在中华人民共和国工业和信息化部公告备案目录的证明文件。
 a) 被核实机动车辆的产品型号为道路机动车辆生产企业及产品目录中的产品型号。
 b) 被核实电动车辆的产品型号为新能源汽车推广应用推荐车型目录中的产品型号。
    查阅被核实车辆在中华人民共和国工业和信息化部公告备案目录的证明文件。

2.2.2 3C认证证书
查阅被核实车辆取得的中国国家强制性产品认证证书。

被核实车辆的产品型号具有中国国家强制性产品认证证书，且在有效期内。

2.2.3 排放标准

被核实车辆的环保排放标准符合国家排放标准。

2.2.4 质量管理体系

具有健全的质量管理体系且运行情况良好，查阅管理体系认证书或其他证明材料。

3 试验检测

查阅中国合格评定国家认可委员会颁布的实验室认可证书（CNAS）。

4 售后服务

查阅管理文件、组织机构设置、人员档案及售后服务记录等相关信息。

本文件中所有核实内容都将对供应商参与招投标活动有重要影响，其中标记"※"的内容是以往招标必备项的要求，也是重点核实内容，其他未标记"※"的为一般核实内容。

车辆卫星定位系统-车载终端
供应商资质能力信息核实规范

目　次

1 范围 ……………………………………………………………………………… 22
2 资质信息 ………………………………………………………………………… 22
　2.1 企业信息 …………………………………………………………………… 22
　2.2 报告证书 …………………………………………………………………… 22
　2.3 供货业绩 …………………………………………………………………… 23
3 生产制造能力 …………………………………………………………………… 23
　3.1 ※生产厂房 ………………………………………………………………… 23
　3.2 生产设备 …………………………………………………………………… 23
　3.3 试验检测设备 ……………………………………………………………… 23
　3.4 生产、技术、质量管理人员 ……………………………………………… 23
4 售后服务资料 …………………………………………………………………… 23
　4.1 售后服务 …………………………………………………………………… 23
　4.2 运维服务业绩 ……………………………………………………………… 24

车辆卫星定位系统–车载终端
供应商资质能力信息核实规范

1 范围

本文件规定了国家电网有限公司对车载终端产品供应商的资质条件及制造能力信息进行核实的依据。

本文件适用于国家电网有限公司车载终端产品供应商的信息核实工作。包括：车辆卫星定位系统–车载终端。

2 资质信息

2.1 企业信息

2.1.1 ※基本信息

查阅企业营业执照。

供应商为中华人民共和国境内依法注册的法人或其他组织。

2.1.2 法定代表人/负责人信息

查阅法定代表人/负责人身份证（或护照）。

2.1.3 财务信息

查阅审计报告、财务报表，其中审计报告为具有资质的第三方机构出具。

2.1.4 注册资本和股本结构

查阅验资报告。

2.1.5 商业信誉

查阅企业相关国家、行业或第三方发布的综合实力、品牌等排名。

2.2 报告证书

2.2.1 检测报告

查阅检测报告。

a) 检测报告出具机构应具有计量认证证书（CMA）及中国合格评定国家认可委员会颁发的实验室认可证书（CNAS）。

b) 检测报告的委托方和产品制造方是供应商自身。

c) 检测报告符合相应的国家标准、行业标准、国家电网有限公司物资采购标准的要求。

d) 检验报告中的检验依据包含 Q/GDW 11351—2021《通用车载监控终端技术要求及测试规范》。

e) 国家标准、行业标准规定的检测报告有效期有差异的,以有效期短的为准;国家标准、行业标准均未明确检测报告有效期的,检测报告有效期按长期有效认定。

2.2.2 ※质量体系管理

具有健全的质量管理体系且运行情况良好,查阅管理体系认证书或其他证明材料。

2.3 供货业绩

查阅销售供货合及相对应的合同销售发票,且合同的供货方和实际产品的生产方均为供应商自身。

3 生产制造能力

3.1 ※生产厂房

查阅不动产权证书、土地使用权证、房屋产权证、厂房设计图纸、房屋租赁合同、用电客户编号等相关信息。

具有与产品生产相配套的厂房,厂房可租用,有租赁合同,且厂房不能临时租用或借用。如长期租用,提供租赁合同等相关证明文件。厂房面积、生产环境和工艺布局能满足被核实产品的生产要求。

3.2 生产设备

查阅设备的现场实际情况及购买合同、发票等相关信息。

a) 具有与被核实产品生产相适应的设备,不能租用或借用。
b) 设备使用正常,具有设备维护及保养记录,设备上的计量仪器、仪表应具有有效期内的检定证书或校准证书。

3.3 试验检测设备

查阅设备的现场实际情况及购买发票等相关信息。

a) 应具有与产品生产相适应的试验检测设备,设备自有,不能租用。
b) 设备使用正常,具有设备维护及保养记录,设备上的计量仪器、仪表应具有有效期内的检定证书或校准证书。

3.4 生产、技术、质量管理人员

查阅人力资源部门管理文件(如劳动合同、人员花名册、社保证明及生产人员培训记录等),包括应具有管理人员、设计研发人员、生产制造人员、试验检验人员、售后服务人员等,结合现场实际情况,观察现场人员的操作水平。

4 售后服务资料

4.1 售后服务

查阅管理文件、组织机构设置、人员档案及售后服务记录等相关信息,查阅以往的售后服务记录,记录完整规范,具有可追溯性。

4.2 运维服务业绩

查阅产品运维服务合同及发票。

本文件中所有核实内容都将对供应商参与招投标活动有重要影响，其中标记"※"的内容是以往招标必备项的要求，也是重点核实内容，其他未标记"※"的为一般核实内容。

阀厅钢结构、压型钢板、建筑物钢结构供应商资质能力信息核实规范

目　次

1　范围 ···28
2　规范性引用文件 ···28
3　资质信息 ··29
　　3.1　企业信息 ···29
　　3.2　报告证书 ···30
　　3.3　产品业绩 ···30
4　设计研发能力 ···30
　　4.1　技术来源与支持 ···30
　　4.2　设计研发内容 ···30
　　4.3　设计研发人员 ···31
　　4.4　设计研发工具或软件 ···31
　　4.5　设计图纸 ···31
　　4.6　获得专利情况 ···31
　　4.7　参与标准制（修）订情况 ···31
　　4.8　参与的重大项目 ···31
　　4.9　产品获奖情况 ···31
　　4.10　商业信誉 ···31
5　生产制造能力 ···31
　　5.1　※生产厂房 ··31
　　5.2　生产工艺 ···31
　　5.3　生产设备 ···32
　　5.4　生产、技术、质量管理人员 ···32
6　试验检测能力 ···32
　　6.1　试验场所 ···32
　　6.2　试验检测管理 ···32
　　6.3　试验检测设备 ···33
　　6.4　试验检测人员 ···33
　　6.5　现场抽样 ···33
7　原材料/组部件管理 ···34
　　7.1　管理规章制度 ···34

7.2 管理控制情况 ·· 34
8 数智制造 ··· 34
9 绿色发展 ··· 35
10 售后服务及产能 ·· 35

阀厅钢结构、压型钢板、建筑物钢结构供应商资质能力信息核实规范

1 范围

本文件规定了国家电网有限公司对阀厅钢结构、压型钢板、建筑物钢结构产品供应商的资质条件及制造能力信息进行核实的依据。

本文件适用于国家电网有限公司阀厅钢结构、压型钢板、建筑物钢结构产品供应商的信息核实工作。

2 规范性引用文件

下列文件中的内容通过文中的规范性引用而构成本文件必不可少的条款。其中，注日期的引用文件，仅该日期对应的版本适用于本文件；不注日期的引用文件，其最新版本（包括所有的修改单）适用于本文件。

GB/T 41　1 型六角螺母–C 级

GB/T 95　平垫圈 C 级

GB/T 700　碳素结构钢

GB/T 706　热轧型钢

GB/T 709　热轧钢板和钢带的尺寸、外形、重量及允许偏差

GB/T 1228　钢结构用高强度大六角螺栓

GB/T 1229　钢结构用高强度大六角螺母

GB/T 1230　钢结构用高强度垫圈

GB/T 1231　钢结构用高强度大六角头螺栓、大六角头螺母、垫圈技术条件

GB/T 1591　低合金高强度结构钢

GB/T 3098.1　紧固件机械性能螺栓、螺钉和螺柱

GB/T 3098.2　紧固件机械性能螺母

GB/T 3274　碳素结构和低合金结构钢热轧钢板和钢带

GB/T 3632　钢结构用扭剪型高强度螺栓连接副

GB/T 5117　非合金钢及细晶粒钢焊条

GB/T 5118　热强钢焊条

GB/T 5293　埋弧焊用非合金钢及细晶粒钢实心焊丝、药芯焊丝和焊丝–焊剂组合分类要求

GB/T 5780　六角头螺栓 C 级

GB/T 5782　六角头螺栓
GB/T 6723　通用冷弯开口型钢
GB/T 6725　冷弯型钢通用技术要求
GB/T 8110　熔化极气体保护电弧焊用非合金钢及细晶粒钢实心焊丝
GB/T 8923.1　涂覆涂料前钢材表面处理　表面清洁度的目视评定　第1部分：未涂覆过的钢材表面和全面清除原有涂层后的钢材表面的锈蚀等级和处理等级
GB/T 11263　热轧H型钢和剖分T型钢
GB/T 12754　彩色涂层钢板与钢带
GB/T 12755　建筑用压型钢板
GB/T 14957　熔化焊用焊丝
GB 50009　建筑结构荷载规范
GB 50011　建筑抗震设计规范
GB 50016　建筑设计防火规范
GB 50017　钢结构设计标准
GB 50018　冷弯薄壁型钢结构技术规范
GB 50205　钢结构工程施工质量验收标准
GB 50661　钢结构焊接规范
GB/T 50789　±800kV直流换流站设计规范
GB 50896　压型金属板工程应用技术规范
GB 51022　门式刚架轻型房屋钢结构技术规范
GB/T 51200　高压直流换流站设计规范
DL/T 5210.1　电力建设施工质量验收规程　第1部分：土建工程
DL/T 5459　换流站建筑结构设计技术规程
CECS 280　钢管结构技术规程
JGJ 82　钢结构高强螺栓连接技术规程
电力建设房屋工程质量通病防治工作规定的通知　电建质监〔2004〕18号

3 资质信息

3.1 企业信息

3.1.1 ※基本信息

查阅企业营业执照。
供应商为中华人民共和国境内依法注册的法人或其他组织。

3.1.2 法定代表人/负责人信息

查阅法定代表人/负责人身份证（或护照）。

3.1.3 财务信息

查阅审计报告、财务报表，其中审计报告为具有资质的第三方机构出具。

3.1.4 资信等级证明

查阅银行或专业评估机构出具的证明。

3.1.5 注册资本和股本结构

查阅验资报告。

3.2 报告证书

3.2.1 检测报告

查阅相应检测报告、送样样品生产过程记录及其他支撑资料。

a) 具有国家授权的检测机构出具的相应检测报告。
b) 相应检测报告的委托方和产品制造方均为供应商自身。
c) 钢结构加工构件的成品质量（包括尺寸、焊缝和高强螺栓连接面滑移系数等）应有第三方检测机构出具的合格证明和检测报告。

3.2.2 设计专项及安装施工资质

查阅供应商的设计专项及安装施工资质及其他支撑资料。

a) 具有轻型房屋钢结构工程设计专项乙级及以上资质或委托有上述资质的设计单位进行深化图设计的，应提供委托书及设计资质证书。
b) 具有钢结构专业二级以上（含二级）安装资质或建筑金属屋（墙）面设计与施工一级及以上资质，并提供施工人员上岗证。
c) 资质证书在有效期内。

3.2.3 质量体系管理

具有健全的质量管理体系，且运行情况良好，查阅管理体系认证书或其他证明材料。

3.3 产品业绩

查阅供货合同及相对应的销售发票。

a) 合同的供货方和实际产品的生产方均为供应商自身。
b) 不予统计的业绩有（包括但不限于）：
   1) 与同类产品制造厂之间的业绩。
   2) 在试验室或试验站的业绩。
   3) 与代理商之间的业绩（出口业绩除外）。
   4) 与非最终用户（即业主单位或负责所供货物运行、生产的单位以外的主体）签订的供货合同。
   5) 出口业绩的外贸合同、发票、报关单及对应产品型号等信息资料难以核实或不全的。

4 设计研发能力

4.1 技术来源与支持

查阅与合作支持方的协议及设计文件图纸等相关资料。

4.2 设计研发内容

查阅新产品、新材料的设计、试验、关键工艺技术、质量控制方面的研发情况。

4.3 设计研发人员

查阅设计研发部门的机构设置及放样人员等信息。

4.4 设计研发工具或软件

查阅设计研发工具或放样软件的名称、使用情况等信息。

4.5 设计图纸

查阅图纸型号、设计图纸来源、升级方式等相关信息。

4.6 获得专利情况

查阅专利证书。

4.7 参与标准制（修）订情况

查阅参与制（修）订并已颁布的标准等证明材料信息。

4.8 参与的重大项目

查阅参与重大项目的资料信息。

4.9 产品获奖情况

查阅获奖证书等相关信息。

4.10 商业信誉

查阅企业相关国家、行业或第三方发布的综合实力、品牌等排名。

5 生产制造能力

5.1 ※生产厂房

查阅不动产权证书、土地使用权证、房屋产权证、厂房设计图纸、用电客户编号等相关信息。

具有与产品生产相配套的厂房，厂房为自有或长期租赁。厂房面积、生产环境和工艺布局按从原材料/组部件到产品入库所规定的每道工序的工艺文件及工艺技术的要求合理布局，且能保证被核实产品的生产。

5.2 生产工艺

5.2.1 工艺控制文件

查阅工艺控制文件、管理体系文件及工艺流程控制记录等相关资料。

a) 阀厅钢结构：主要生产工艺和工序控制点（放样、号料、切割、矫正成型、边缘加工、组装、制孔、端部加工等）的工艺文件，依据的技术标准正确，各工序控制参数满足国家标准、电力行业标准、国家电网有限公司企业标准和物资采购标准、工艺要求。作业指导书齐全且具有可操作性。具有与承担的工程相适应的焊接工艺评定文件，评定项目、内容符合 GB 50661 的要求。工艺管理制度健全。

b) 压型钢板：主要生产工艺和工序控制点（冲压、热镀、涂层、检验、试拼装、包装等）的工艺文件，依据的技术标准正确，各工序控制参数满足国家标准、电力行业标准、国家电网有限公司企业标准和物资采购标准、工艺要求。作业指导书齐全且具有可操作性。具有与承担的工程相适应的焊接工艺评定文件，评定项目、内容符合 GB 50661 的要求。工艺管理制度健全。

c) 建筑物钢结构：主要生产工艺和工序控制点（放样、号料、切割、矫正成型、边缘加工、组装、制孔、端部加工等）的工艺文件，依据的技术标准正确，各工序控制参数满足国家标准、电力行业标准、国家电网有限公司企业标准和物资采购标准、工艺要求。作业指导书齐全且具有可操作性。具有与承担的工程相适应的焊接工艺评定文件，评定项目、内容符合 GB 50661 的要求。工艺管理制度健全。

5.2.2 关键生产工艺控制

产品工艺技术成熟、稳定。从原材料/组部件到产品入库所规定的每道工序的工艺技术能保证产品生产的需要。生产产品的各个工序按工艺文件执行，现场记录内容规范、详实，并具有可追溯性。

5.3 生产设备

查阅设备的现场实际情况及设备购置发票等相关信息。

a) 具有与产品生产相适应的设备，且设备使用情况良好。
各类型产品应具有的配套生产设备如下：
阀厅钢结构：数控切割机、多嘴头直条切割机、数控联合冲剪机、自动埋弧焊机、半自动埋弧焊机、交直流焊机、H 型钢组立校正机、H 型钢液压矫正机、喷砂除锈等钢结构加工设备。
压型钢板：彩钢板分条机、彩板成型机、薄壁型钢成型机、折边机、咬边机等。
建筑物钢结构：数控切割机、多嘴头直条切割机、数控联合冲剪机、自动埋弧焊机、半自动埋弧焊机、交直流焊机、H 型钢组立校正机、H 型钢液压矫正机、喷砂除锈等钢结构加工设备。

b) 设备使用正常，并建立设备管理档案（包括使用说明、台账、保养维护记录等），其保养维护等记录规范、详实，具有可追溯性。

c) 具备预拼装场地及设备。

5.4 生产、技术、质量管理人员

查阅人力资源部门管理文件（如劳动合同、社保证明、人员花名册等），包括生产、技术、质量管理等人员数量，结合现场实际情况，观察现场人员的操作水平。

a) 具有生产需要的专职生产、技术人员，生产人员培训上岗，电焊工持有资格证。

b) 具有质量管理组织机构及人员。

6 试验检测能力

6.1 试验场所

查看试验场所现场情况。
具有独立的试验室，试验室面积和环境满足试验要求。

6.2 试验检测管理

查阅相关的规章制度文件、过程记录及出厂试验报告等相关信息。

具有试验室管理制度、操作规程、试验标准，并在操作过程中严格按照规程执行。

6.3 试验检测设备

查阅设备的现场实际情况及设备购置发票等相关信息。

a) 具备完成理化检测、锌层检测和无损探伤的能力。试验设备经过计量检定合格，且在有效期内，满足所测项目精度要求。

各类型产品具有的配套试验设备如下：

1) 阀厅钢结构：具备600kN及以上万能材料试验机和钢材化学分析设备（如直读光谱仪或碳流分析仪和多元素分析仪），有对紧固件按GB/T 3098.1复检和剪切试验设备，具备冲击试验机和低温槽，以及冲击试样缺口拉床、X射线探伤机、超声波探伤仪等无损检测设备，具备涂层检测设备。

2) 压型钢板：600kN及以上万能材料试验机和钢材化学分析设备（如直读光谱仪或碳流分析仪和多元素分析仪），有对紧固件按GB/T 3098.1复检和剪切试验设备，具备涂层检测设备。

3) 建筑物钢结构：具备600kN及以上万能材料试验机和钢材化学分析设备（如直读光谱仪或碳流分析仪和多元素分析仪），有对紧固件按GB/T 3098.1复检和剪切试验设备，具备冲击试验机和低温槽，以及冲击试样缺口拉床、X射线探伤机、超声波探伤仪等无损检测设备，具备涂层检测设备。

b) 建立设备管理档案（包括使用说明、台账、保养维护记录等），其保养维护等记录完整，具有可追溯性。

6.4 试验检测人员

查阅人力资源部门管理文件（如劳动合同、社保证明、人员花名册等）、人员资质证书及培训记录。

具有相应数量的试验检测技术人员，从事相关检验技术管理人员和检验人员应持有有效的资格证书。试验人员能熟练操作试验设备和仪器仪表，并掌握试验方法，熟悉国家标准、电力行业标准、国家电网有限公司企业标准和物资采购标准，能熟练、准确地判断试验结果是否满足国家标准、电力行业标准、国家电网有限公司企业标准和物资采购标准要求。

6.5 现场抽样

6.5.1 产品部件抽样检测

现场抽取产品样本进行实物检测，并抽查检测报告和检验记录。

a) 查验原材料/组部件管理规程、设计图纸、采购合同等相关信息。

b) 所采用的原材料/组部件不能有国家明令禁止的。

c) 现场随机抽查3种关键的原材料/组部件，查看关键原材料/组部件的采购合同、质量保证书、出厂检测报告、组部件供应商资质文件、入厂检测记录、组部件管理文件等是否齐全，并查看关键原材料/组部件的存放环境。

6.5.2 检测报告抽样

原则上现场应对与被核实产品相同或相近型式的产品进行抽样检验。样品应在供应商声明的合格产品中抽取，抽样检验项目一般在出厂试验项目中选取。抽样检验重点核实供应商试验方法、试验场地环境、人员操作能力、仪器设备有效性和产品性能等方面。

现场抽查原材料力学性能试验、化学成分分析、成品件/半成品件无损检测、试拼装、零部件、镀锌等检测报告，每项检测报告至少抽查 2 份。检测报告项目齐全，数据准确，填写规范，内容符合相关技术国家标准、电力行业标准、国家电网有限公司企业标准和物资采购标准要求。理化检测和无损检测报告由本厂有资质的试验人员出具。

7 原材料/组部件管理

7.1 管理规章制度

查阅原材料/组部件管理规章制度。

a) 具有严格的原材料及外购件（型钢、钢板、焊材、螺栓等）管理制度。
b) 具有原材料供应商的评价制度。
c) 具有原材料进厂检验制度，并严格执行。

7.2 管理控制情况

查看原材料/组部件管理实际执行情况。

a) 查看原材料的采购计划、采购合同。按工程的采购计划优先利库时，标识库存材料的规格型号和数量和新采购材料的规格和数量。
b) 原材料入厂后按照相关国家标准、电力行业标准、国家电网有限公司企业标准和物资采购标准进行复检（含外观检验、化学成分检验、力学性能检验），复验记录完整，经过有资质人员审核签字确认。
c) 检验合格的原材料按材质分类存放整齐，标识清晰（至少包括钢厂名称、材质、规格、炉批号）且色标准确。严禁不同材质混放。
d) 材料的出入库管理规范，领用料记录体现工程名称、规格型号和数量，材料质保单号、钢材生产厂家、炉批号。确保原材料使用的可追溯性。
e) 原材料/组部件抽样：主要组部件（如 H 型钢、钢板、紧固件等）进行随机抽样见证检验（现场抽检至少各 3 件，抽查项目包括表面质量、厚度、外形尺寸等），抽样角钢边宽度、边厚度负偏差不超过国家标准的 50%，且存在负偏差的抽检产品数量不超过所有抽检产品数量的 50%；钢板材料板厚误差依据热轧钢板和钢带的尺寸、外形、重量及允许偏差 GB/T 709 中 C 类执行（只允许正误差）。必要时见证力学性能试验过程。

8 数智制造

应用互联网和物联网技术，打造"透明工厂"，生产制造、试验检验、原材料/组部件管理等信息对买方公开，接入国家电网电工装备智慧物联平台。

加强数字基础设施建设，推动数字技术与先进制造技术融合发展。供应商相关业务数据、原材料/组部件检验数据、生产过程检验数据、出厂试验数据、成品信息数据和视频数据等支持自动采集或系统推送。数据接口需保障数据完整性、正确性、安全性，具有可扩展性、通信实时性等。

9 绿色发展

查看供应商资源能源消耗情况、战略体系、绿色认证及其他支撑材料。
a) 相关油、水、气、煤及电力、热力等能源消耗，建立能源利用统计报表制度，分析生产经营环节能源利用情况。
b) 相关绿色工厂认证、绿色产品标识、绿色供应链管理等相关资质文件。
c) 将绿色发展理念融入战略体系中，并形成明确的绿色发展目标，制定详实且具有操作性的实施路径。
d) 建立、实施并保持支撑企业绿色低碳发展的绿色管理体系情况，包括但不限于能源管理体系、碳排放管理体系、能源计量管理体系等。
e) 使用无害原材料，禁止使用国家明令禁止的淘汰设备、工艺技术等，并应用国家鼓励的节能设备与先进工艺技术情况。
f) 建立完善的绿色采购管理制度，推广绿色包装材料应用，并建立系统的循环利用体系，实施绿色制造情况。
g) 生产环节的大气污染物排放、水体污染物排放、固体废弃物排放、噪声排放等基础排放符合相关国家标准及地方标准要求情况。

10 售后服务及产能

查阅管理文件、组织机构设置、人员档案及售后服务记录等相关信息。
产能情况通过现场实际情况及供应商提供的产能计算报告进行判定。

本文件中所有核实内容都将对供应商参与招投标活动有重要影响，其中标记"※"的内容是以往招标必备项的要求，也是重点核实内容，其他未标记"※"的为一般核实内容。

特高压输变电工程地脚螺栓供应商资质能力信息核实规范

目　次

1 范围 ··· 38
2 规范性引用文件 ··· 38
3 资质信息 ·· 39
　3.1 企业信息 ·· 39
　3.2 报告证书 ·· 39
　3.3 产品业绩 ·· 39
4 设计研发能力 ··· 39
　4.1 设计图纸 ·· 39
　4.2 获得专利情况 ·· 39
　4.3 参与标准制定情况 ·· 39
　4.4 产品获奖情况 ·· 40
5 生产制造能力 ··· 40
　5.1 ※生产厂房 ·· 40
　5.2 ※生产工艺 ·· 40
　5.3 ※生产设备 ·· 40
　5.4 ※生产、技术、质量管理人员 ·· 40
6 试验检测能力 ··· 40
　6.1 ※试验场所 ·· 40
　6.2 试验检测管理 ·· 41
　6.3 ※试验检测设备 ·· 41
　6.4 试验检测人员 ·· 41
　6.5 ※现场抽样 ·· 41
7 原材料/组部件管理 ·· 41
　7.1 管理规章制度 ·· 41
　7.2 ※管理控制情况 ·· 41
8 数智制造 ·· 42
9 绿色发展 ·· 42
10 售后服务及产能 ·· 42
附录 A　主要生产设备 ··· 44
附录 B　主要试验设备 ··· 45

特高压输变电工程地脚螺栓供应商资质能力信息核实规范

1 范围

本文件规定了国家电网有限公司对特高压输变电工程地脚螺栓产品供应商的资质条件及制造能力进行核实的依据。

本文件适用于国家电网有限公司特高压输变电工程地脚螺栓产品供应商资质能力信息核实工作。包括：

a) ±800kV 地脚螺栓。
b) 1000kV 地脚螺栓。
c) ±1100kV 地脚螺栓。

2 规范性引用文件

下列文件中的内容通过文中的规范性引用而构成本文件必不可少的条款。其中，注日期的引用文件，仅该日期对应的版本适用于本文件；不注日期的引用文件，其最新版本（包括所有的修改单）适用于本文件。

GB/T 229　金属材料　夏比摆锤冲击试验方法
GB/T 699　优质碳素结构钢
GB/T 1591　低合金高强度结构钢
GB/T 2694　输电线路铁塔制造技术条件
GB/T 2975　钢及钢产品　力学性能试验取样位置及试样制备
GB/T 3077　合金结构钢
GB/T 3098.1　紧固件机械性能　螺栓、螺钉和螺柱
GB/T 3098.2　紧固件机械性能　螺母
GB/T 4340.1　金属材料　维氏硬度试验　第 1 部分：试验方法
GB/T 5779.1　紧固件表面缺陷　螺栓、螺钉和螺柱　一般要求
GB/T 5779.2　紧固件表面缺陷　螺母
DL/T 284　输电线路杆塔及电力金具用热浸镀锌螺栓与螺母
DL/T 1236　输电杆塔用地脚螺栓与螺母
Q/GDW 10225—2018　±800kV 架空送电线路施工及验收规范
Q/GDW 10115—2022　110kV～1000kV 架空输电线路施工及验收规范
Q/GDW 577—2010　高强度角钢塔设计规程

Q/GDW 638—2011 8.8级高强度地脚螺栓施工技术导则

3 资质信息

3.1 企业信息

3.1.1 ※基本信息

查阅营业执照。

供应商为中华人民共和国境内依法注册的法人或其他组织。

3.1.2 法定代表人/负责人信息

查阅法定代表人/负责人身份证（或护照）。

3.1.3 财务信息

查阅审计报告、财务报表，其中审计报告为具有资质的第三方机构出具。

3.1.4 注册资本和股本结构

查阅验资报告。

3.2 报告证书

3.2.1 检验报告

查阅产品检验报告、送样样品生产过程记录及其他支撑资料。

a) 检测报告出具机构为国家认可的专业检测机构。
b) 检验报告的委托方和产品制造方均为供应商自身。

3.2.2 ※质量管理体系

具有健全的质量管理体系且运行情况良好，查阅管理体系认证书或其他证明材料。

3.3 产品业绩

查阅供货合同及相对应的销售发票。

a) 合同的供货方和实际产品的生产方均为供应商自身。
b) 不予统计的业绩有（包括但不限于）：
   1) 与同类产品制造厂之间的业绩。
   2) 在试验室或试验站的业绩。
   3) 与经销商或代理商之间的业绩（出口业绩除外）。
   4) 出口业绩的外贸合同、发票、报关单及对应产品型号等信息资料难以核实或不全的。

4 设计研发能力

4.1 设计图纸

查阅图纸型号、设计图纸来源等相关信息。

4.2 获得专利情况

查阅专利证书。

4.3 参与标准制定情况

查阅参与制定并已颁布的标准等证明材料信息。

4.4 产品获奖情况

查阅获奖证书等相关信息。

5 生产制造能力

5.1 ※生产厂房

查阅不动产权证书、土地使用权证、房屋产权证、房屋租赁合同、厂房平面图等相关信息。

具有与产品生产相配套的厂房，厂房若为租用需提供租用合同。

其厂房面积和工艺布局按从原材料/组部件到产品入库所规定的每道工序的工艺文件及工艺技术的要求合理布局工艺流程，且能保证被核实产品的生产。

5.2 ※生产工艺

查阅工艺控制文件、管理体系文件及工艺流程控制记录等相关资料。

5.2.1 工艺控制文件

主要生产工艺和工序控制点（下料、校直、锻造、碾压螺纹、攻丝、热处理、机加工、标识等）的工艺文件，依据的技术标准正确，各工序控制参数满足相应的国家标准、电力行业标准、国家电网有限公司企业标准和物资采购标准、工艺要求。工艺管理制度健全。作业指导书齐全且具有可操作性。

5.2.2 关键生产工艺控制

产品工艺技术成熟、稳定。从原材料/组部件到产品入库所规定的每道工序的工艺技术能保证产品生产的需要。生产产品的各个工序按工艺文件执行，现场记录内容规范、详实，具有可追溯性。

5.3 ※生产设备

查阅设备的现场实际情况及设备购置合同、发票等相关信息。

a) 具有与产品生产相适应的设备，且设备使用情况良好。主要生产设备见附录A。

b) 设备使用正常，并建立设备管理档案（包括使用说明、台账、保养维护记录等），其保养维护等记录规范、详实，具有可追溯性。

5.4 ※生产、技术、质量管理人员

查阅人力资源部门管理文件（如劳动合同、社保证明、人员花名册等），包括生产、技术、质量管理等人员数量，结合现场实际情况，观察现场人员的操作水平。

a) 具有生产需要的专职生产、技术人员。生产人员培训上岗。

b) 具有质量管理组织机构及人员。

6 试验检测能力

6.1 ※试验场所

查看试验场所现场情况。

具有独立的试验室，试验室面积和环境满足试验要求。

6.2 试验检测管理

查阅相关的规章制度文件、过程记录及出厂试验报告等相关信息。

具有试验室管理制度、操作规程、试验标准，并在操作过程中严格按照规程执行。

6.3 ※试验检测设备

查阅设备的现场实际情况及设备购置合同、发票等相关信息。

a) 具备完成物理性能检测、化学成分分析、镀锌检测的能力。试验设备经过计量检定合格，且在有效期内，满足所测项目精度要求。主要试验设备见附录B。

b) 建立设备管理档案（包括使用说明、台账、保养维护记录等），其保养维护等记录完整，具有可追溯性。

6.4 试验检测人员

查阅人力资源部门管理文件（如劳动合同、社保证明、人员花名册等）、人员资质证书及培训记录。

具有相应数量的试验检测技术人员，试验检测人员具有资格证书。试验人员能熟练操作试验设备和仪器仪表，并掌握试验方法，熟悉国家标准、电力行业标准、国家电网有限公司企业标准和物资采购标准，能熟练和准确判断试验结果是否满足国家标准、电力行业标准、国家电网有限公司企业标准和物资采购标准要求。持证力学性能和化学分析试验技术人员至少各 2 人。

6.5 ※现场抽样

原则上现场应对与被核实产品相同或相近型式的产品进行抽样检验。样品应在供应商声明的合格产品中抽取，抽样检验项目一般在出厂试验项目中选取。抽样检验重点核实供应商试验方法、试验场地环境、人员操作能力、仪器设备有效性和产品性能等方面。

现场从成品库中抽取螺栓及螺母、垫板（锚板）各 3 件进行检验，检验项目包括结构尺寸、螺纹（通止规），检验结果应符合 DL/T 1236 的要求。

7 原材料/组部件管理

7.1 管理规章制度

查阅原材料/组部件管理规章制度。

a) 具有严格的原材料（圆钢、钢板等）管理制度。
b) 具有原材料供应商的评价制度。
c) 具有原材料进厂检验制度，并严格执行。

7.2 ※管理控制情况

查看原材料/组部件管理实际执行情况。

a) 查看原材料的采购计划、采购合同。按工程的采购计划优先利库时，标识库存材料的规格型号和数量，以及新采购材料的规格和数量。

b) 原材料入厂后按照相关国家标准、电力行业标准、国家电网有限公司企业标准和物资采购标准进行复检（含外观检验、化学成分检验、力学性能检验），复验记录完整，经过有资质人员审核签字确认。

c) 检验合格的原材料按材质分类存放整齐，标识清晰（至少包括钢厂名称、材质、规格、炉批号）且色标准确。严禁不同材质混放。

d) 材料的出入库管理规范，领用料记录体现工程名称、规格型号和数量，材料质保单号、钢材生产厂家、炉批号。确保原材料使用的可追溯性。

e) 原材料/组部件抽样：主要原材料（圆钢）进行随机抽样试验，现场抽样至少 3 件，抽查项目包括力学性能试验（屈服强度、抗拉强度、冷弯、延伸率）、化学分析试验，35 钢应满足 GB/T 699 的要求，42CrMo 钢应满足 GB/T 3077 的要求。

8 数智制造

应用互联网和物联网技术，增强数字基础设施建设，推动数字技术与先进制造技术融合发展。供应商按照数据采集标准，开展产线数字化改造和业务信息化建设，完成与国家电网电工装备智慧物联平台对接，实现供应商侧生产排产、原材料/组部件检验、生产过程、出厂试验、出入库等信息互联上传，打造"透明工厂"。积极配合"云监造"工作开展，保障数据的及时性、完整性和正确性，提升产品质量。

企业各业务环节实现信息化覆盖，具备大数据挖掘和应用能力，设计智能化应用渗透关键业务。

9 绿色发展

查看供应商资源能源消耗情况、战略体系、绿色认证及其他支撑材料。

a) 相关油、水、气、煤及电力、热力等能源消耗，建立能源利用统计报表制度，分析生产经营环节能源利用情况。

b) 相关绿色工厂认证、绿色产品标识、绿色供应链管理等相关资质文件。

c) 将绿色发展理念融入战略体系中，并形成明确的绿色发展目标，制定详实且具有操作性的实施路径。

d) 建立、实施并保持支撑企业绿色低碳发展的绿色管理体系情况，包括但不限于能源管理体系、碳排放管理体系、能源计量管理体系等。

e) 使用无害原材料，禁止使用国家明令禁止的淘汰设备、工艺技术等，并应用国家鼓励的节能设备与先进工艺技术情况。

f) 建立完善的绿色采购管理制度，推广绿色包装材料应用，并建立系统的循环利用体系，实施绿色制造情况。

g) 生产环节的大气污染物排放、水体污染物排放、固体废弃物排放、噪声排放等基础排放符合相关国家标准及地方标准要求情况。

10 售后服务及产能

查阅管理文件、组织机构设置、人员档案及售后服务记录等相关信息。

产能情况通过现场实际情况结合产品生产的瓶颈环节（即热处理设备生产能力）进行计算。热处理设备生产能力参考如下：

a) 箱式炉 1800t/台。
b) 中频连续生产线 2400t/条。
c) 井式炉（装炉量高于 2t）2400t/台。
d) 井式炉（装炉量低于 2t 及以下）1500t/台。

本文件中所有核实内容都将对供应商参与招投标活动有重要影响，其中标记"※"的内容是以往招标必备项的要求，也是重点核实内容，其他未标记"※"的为一般核实内容。

附 录 A
主 要 生 产 设 备

主要生产设备包括：

a) 下料设备。
b) 校直设备。
c) 锻造设备。
d) ※滚丝设备（600kN 及以上）。
e) 攻丝设备。
f) ※热处理设备。
g) ※机加工设备（螺母成型用冲床 1200kN 及以上）。
h) 标识设备。

附 录 B
主 要 试 验 设 备

主要试验设备包括:
a) ※万能材料试验机(2000kN 及以上)。
b) 冲击试验机。
c) 直读光谱仪。
d) 锌层测厚仪。

特高压输变电工程铁塔防坠落导轨装置供应商资质能力信息核实规范

目　次

1 范围 ··· 48
2 规范性引用文件 ··· 48
3 资质信息 ··· 49
　3.1 企业信息 ·· 49
　3.2 ※报告证书 ·· 49
　3.3 产品业绩 ·· 49
4 设计研发能力 ··· 49
　4.1 设计图纸 ·· 49
　4.2 获得专利情况 ·· 50
　4.3 参与标准制定情况 ·· 50
　4.4 产品获奖情况 ·· 50
5 生产制造能力 ··· 50
　5.1 ※生产厂房 ·· 50
　5.2 生产工艺 ·· 50
　5.3 ※生产设备 ·· 50
　5.4 ※生产、技术、质量管理人员 ··· 50
6 试验检测能力 ··· 51
　6.1 ※试验场所 ·· 51
　6.2 试验检测管理 ·· 51
　6.3 ※试验检测设备 ·· 51
　6.4 试验检测人员 ·· 51
7 原材料/组部件管理 ··· 51
　7.1 管理规章制度 ·· 51
　7.2 ※管理控制情况 ·· 51
8 数智制造 ··· 52
9 绿色发展 ··· 52
10 售后服务及产能 ·· 52
附录 A　型式试验报告项目 ·· 53
附录 B　主要生产设备 ·· 54
附录 C　主要试验设备 ·· 55

特高压输变电工程铁塔防坠落导轨装置供应商资质能力信息核实规范

1 范围

本文件规定了国家电网有限公司对特高压输变电工程铁塔防坠落导轨装置产品供应商的资质条件及制造能力进行核实的依据。

本文件适用于国家电网有限公司特高压输变电工程铁塔防坠落导轨装置产品供应商资质能力信息核实工作。包括：

a) 铁塔防坠落导轨装置（刚性导轨）。
b) 铁塔防坠落导轨装置（柔性导轨）。

2 规范性引用文件

下列文件中的内容通过文中的规范性引用而构成本文件必不可少的条款。其中，注日期的引用文件，仅该日期对应的版本适用于本文件；不注日期的引用文件，其最新版本（包括所有的修改单）适用于本文件。

GB 190　危险货物包装标志
GB/T 1591　低合金高强度结构钢
GB/T 2694　输电线路铁塔制造技术条件
GB/T 3608　高处作业分级
GB/T 4892　硬质直方体运输包装尺寸系列
GB 6095　坠落防护安全带
GB 6096　坠落防护安全带系统性能测试方法
GB/T 10125　人造气氛腐蚀试验盐雾试验
GB/T 15233　包装单元货物尺寸
GB/T 25821　不锈钢钢绞线
GB/T 36130　铁塔结构用热轧钢板和钢带
ISO 10333　Personal fall-arrest systems
DL/T 284　输电线路杆塔及电力金具用热浸镀锌螺栓与螺母
DL/T 1147　电力高处作业防坠器
Q/GDW 10115—2022　110kV～1000kV 架空输电线路施工及验收规范
Q/GDW 10162—2016　杆塔作业防坠落装置
Q/GDW 10225—2018　±800kV 架空送电线路施工及验收规范

3 资质信息

3.1 企业信息

3.1.1 ※基本信息
查阅营业执照。
供应商为中华人民共和国境内依法注册的法人或其他组织。

3.1.2 法定代表人/负责人信息
查阅法定代表人/负责人身份证（或护照）。

3.1.3 财务信息
查阅审计报告、财务报表，其中审计报告为具有资质的第三方机构出具。

3.1.4 注册资本和股本结构
查阅验资报告。

3.2 ※报告证书

3.2.1 检验报告
查阅检验报告、送样样品生产过程记录及其他支撑资料。
a) 防坠落装置（刚性）：具有国际权威机构或者国家授权、许可产品检验检测机构出具的防坠落装置（T型导轨）有效型式试验报告。
b) 防坠落装置（柔性）：具有国际权威机构或者国家授权、许可产品检验检测机构出具的防坠落装置（横担钢索）有效型式试验报告。
c) 检验报告的委托方和产品制造方均为供应商自身。
d) 产品的检验报告符合相应的国家标准、行业标准、国家电网有限公司采购标准的规定，检验报告项目详见附录A。

3.2.2 质量管理体系
具有健全的质量管理体系且运行情况良好，查阅管理体系认证书或其他证明材料。

3.3 产品业绩
查阅供货合同及相对应的销售发票。
a) 合同的供货方和实际产品的生产方均为供应商自身。
b) 不予统计的业绩有（包括但不限于）：
　1) 与同类产品制造厂之间的业绩。
　2) 在试验室或试验站的业绩。
　3) 与代理商之间的业绩。
　4) 与非最终用户（即业主单位或负责所供货物运行、生产的单位以外的主体）签订的供货合同。
　5) 出口业绩。

4 设计研发能力

4.1 设计图纸
查阅图纸型号、设计图纸来源等相关信息。

4.2 获得专利情况
查阅专利证书。

4.3 参与标准制定情况
查阅参与制定并已颁布的标准等证明材料信息。

4.4 产品获奖情况
查阅获奖证书等相关信息。

5 生产制造能力

5.1 ※生产厂房
查阅不动产权证书、土地使用权证、房屋产权证、房屋租赁合同、厂房平面图等相关信息。

具有与产品生产相配套的厂房，厂房若为租用需提供租用合同等其他证明材料。

其厂房面积和工艺布局按从原材料/组部件到产品入库所规定的每道工序的工艺文件及工艺技术的要求合理布局工艺流程，且能保证被核实产品的生产。

5.2 生产工艺
查阅工艺控制文件、管理体系文件及工艺流程控制记录等相关资料。

5.2.1 ※工艺控制文件
主要生产工艺和工序控制点（如放样、下料、制孔、制弯、焊接、压接、机加工、检验、试组装等）的工艺文件，依据的技术标准正确，各工序控制参数满足国家标准、电力行业标准、国家电网有限公司企业标准和物资采购标准、工艺要求。作业指导书齐全且具有可操作性。工艺管理制度健全。

5.2.2 关键生产工艺控制
产品工艺技术成熟、稳定。从原材料/组部件到产品入库所规定的每道工序的工艺技术能保证产品生产的需要。生产产品的各个工序按工艺文件执行，现场记录内容规范、详实，具有可追溯性。

5.3 ※生产设备
查阅设备的现场实际情况及设备购置合同、发票等相关信息。

a) 具有与产品生产相适应的设备，且设备使用情况良好。
b) 设备使用正常，并建立设备管理档案（包括使用说明、台账、保养维护记录等），其保养维护等记录规范、详实，具有可追溯性。主要生产设备见附录B。
c) 自有镀锌设备供应商需提供排污许可证。镀锌外委时需有固定合作方，且供应商需提供与镀锌厂签订的镀锌外委合同、镀锌厂的企业法人营业执照、排污许可证。

5.4 ※生产、技术、质量管理人员
查阅人力资源部门管理文件（如劳动合同、社保证明、人员花名册等），包括生产、技术、质量管理等人员数量，结合现场实际情况，观察现场人员的操作水平。

a) 具有生产需要的专职生产、技术人员。生产人员培训上岗，如有焊接工艺，电

焊工持有资格证。
b) 具有质量管理组织机构及人员。

6 试验检测能力

6.1 ※试验场所
查看试验场所现场情况。
具有独立的试验室，试验室面积和环境满足试验要求。

6.2 试验检测管理
查阅相关的规章制度文件、过程记录及出厂试验报告等相关信息。
具有试验室管理制度、操作规程、试验标准，并在操作过程中严格按照规程执行。

6.3 ※试验检测设备
查阅设备的现场实际情况及设备购置合同、发票等相关信息。
a) 具备完成理化检测、锌层检测的能力。试验设备经过计量检定合格，且在有效期内，满足所测项目精度要求。主要试验设备见附录C。
b) 建立设备管理档案（包括使用说明、台账、保养维护记录等），其保养维护等记录完整，具有可追溯性。

6.4 试验检测人员
查阅人力资源部门管理文件（如劳动合同、社保证明、人员花名册等）、人员资质证书及培训记录。
具有相应数量的试验检测技术人员，试验检测人员具有资格证书。试验人员能熟练操作试验设备和仪器仪表，并掌握试验方法、熟悉国家标准、电力行业标准、国家电网有限公司企业标准和物资采购标准，能熟练和准确判断试验结果是否满足国家标准、电力行业标准、国家电网有限公司企业标准和物资采购标准要求。持证力学性能和化学分析试验技术人员至少各2人。持证超声波无损检测人员至少2人，其中Ⅱ级及以上至少1人。

7 原材料/组部件管理

7.1 管理规章制度
查阅原材料/组部件管理规章制度。
a) 具有严格的原材料及外购件管理制度。
b) 具有原材料供应商的评价制度。
c) 具有原材料进厂检验制度并严格执行。

7.2 ※管理控制情况
查看原材料/组部件管理实际执行情况。
a) 查看原材料的采购计划，采购合同。按工程的采购计划优先利库时，标识库存材料的规格型号和数量，以及新采购材料的规格和数量。
b) 原材料入厂后按照相关国家标准、电力行业标准、国家电网有限公司企业标准和物资采购标准进行复检，复验记录完整，经过有资质人员审核签字确认。

  c) 检验合格的原材料按材质分类存放整齐，标识清晰（至少包括钢厂名称、材质、规格、炉批号）且色标准确。严禁不同材质混放。
  d) 材料的出入库管理规范，领用料记录体现工程名称、规格型号和数量，材料质保单号、钢材生产厂家、炉批号。确保原材料使用的可追溯性。

8 数智制造

应用互联网和物联网技术，增强数字基础设施建设，推动数字技术与先进制造技术融合发展。供应商按照数据采集标准，开展产线数字化改造和业务信息化建设，完成与国家电网电工装备智慧物联平台对接，实现供应商侧生产排产、原材料组部件检验、生产过程、出厂试验、出入库等信息互联上传，打造"透明工厂"。积极配合"云监造"工作开展，保障数据的及时性、完整性和正确性，提升产品质量。

企业各业务环节实现信息化覆盖，具备大数据挖掘和应用能力，设计智能化应用渗透关键业务。

9 绿色发展

查看供应商资源能源消耗情况、战略体系、绿色认证及其他支撑材料。
  a) 相关油、水、气、煤及电力、热力等能源消耗，建立能源利用统计报表制度，分析生产经营环节能源利用情况。
  b) 相关绿色工厂认证、绿色产品标识、绿色供应链管理等相关资质文件。
  c) 将绿色发展理念融入战略体系中并形成明确的绿色发展目标，制定详实且具有操作性的实施路径。
  d) 建立、实施并保持支撑企业绿色低碳发展的绿色管理体系情况，包括但不限于能源管理体系、碳排放管理体系、能源计量管理体系等。
  e) 使用无害原材料，禁止使用国家明令禁止的淘汰设备、工艺技术等，并应用国家鼓励的节能设备与先进工艺技术情况。
  f) 建立完善的绿色采购管理制度，推广绿色包装材料应用，并建立系统的循环利用体系，实施绿色制造情况。
  g) 生产环节的大气污染物排放、水体污染物排放、固体废弃物排放、噪声排放等基础排放符合相关国家标准及地方标准要求情况。

10 售后服务及产能

查阅管理文件、组织机构设置、人员档案及售后服务记录等相关信息。
产能情况通过现场实际情况结合产品生产的瓶颈环节进行计算。

本文件中所有核实内容都将对供应商参与招投标活动有重要影响，其中标记"※"的内容是以往招标必备项的要求，也是重点核实内容，其他未标记"※"的为一般核实内容。

附 录 A
型 式 试 验 报 告 项 目

A.1 刚性导轨型式试验项目

刚性导轨型式试验项目包括：
a) 自锁器、连接器（环）、安全绳。
b) ※整体静载荷试验。
c) ※整体冲击试验。
d) 锁止可靠性试验。
e) 导轨接头流畅性试验。

A.2 柔性钢索型式试验项目

柔性钢索型式试验项目包括：
a) 安全绳、钢绞线及端部压接荷载试验。
b) ※整体静载荷试验。
c) ※整体冲击试验。

附 录 B
主 要 生 产 设 备

主要生产设备包括：
a) 下料设备。
b) ※制孔设备。
c) ※制弯设备。
d) 焊接设备。
e) ※压接设备。
f) 机加工设备。

附 录 C
主 要 试 验 设 备

主要试验设备包括：

a) 物理性能检测设备（冲击试验机、※万能材料试验机）。
b) ※化学成分分析设备。
c) ※镀锌检测设备（锌层测厚仪）。
d) 超声波探伤仪。

滤油机供应商资质能力信息核实规范

目　次

1 范围 ··· 58
2 规范性引用文件 ··· 58
3 资质信息 ·· 58
　3.1 企业信息 ··· 58
　3.2 报告证书 ··· 59
　3.3 产品业绩 ··· 59
4 设计研发能力 ··· 60
　4.1 技术来源与支持 ··· 60
　4.2 设计研发内容 ·· 60
　4.3 设计研发人员 ·· 60
　4.4 获得专利情况 ·· 60
　4.5 参与标准制（修）订情况 ·· 60
　4.6 产品获奖情况 ·· 60
　4.7 商业信誉 ··· 60
5 ※生产厂房 ·· 60
6 数智制造 ·· 60
7 绿色发展 ·· 60
8 售后服务 ·· 61

滤油机供应商资质能力信息核实规范

1 范围

本文件规定了国家电网有限公司对滤油机产品供应商的资质条件及制造能力信息进行核实的依据。

本文件适用于国家电网有限公司滤油机产品供应商的信息核实工作。包括：

a) 再生式滤油机。

b) 压力滤油机。

c) 真空滤油机。

d) 离心式滤油机。

e) 移动式滤油机。

f) 静电滤油机。

2 规范性引用文件

下列文件中的内容通过文中的规范性引用而构成本文件必不可少的条款。其中，注日期的引用文件，仅该日期对应的版本适用于本文件；不注日期的引用文件，其最新版本（包括所有的修改单）适用于本文件。

GB/T 7595 运行中变压器油质量

GB/T 7596 电厂运行中矿物涡轮机油质量

GB/T 5226.1 机械电气安全 机械电气设备 第1部分：通用技术条件

GB 50776 ±800kV及以下换流站换流变压器施工及验收规范

DL/T 521 真空净油机验收及使用维护导则

DL/T 571 电厂用磷酸酯抗燃油运行维护导则

JB/T 5153 板框式加压滤油机

JB/T 5285 真空净油机

JB/T 5994 装配通用技术要求

JB/T 7217 分离机械 涂装通用技术条件

Q/GDW122 750kV电力变压器、油浸电抗器、互感器施工及验收规范

3 资质信息

3.1 企业信息

3.1.1 ※基本信息

查阅营业执照。

供应商为中华人民共和国境内依法注册的法人或其他组织。

3.1.2 法定代表人/负责人信息
查阅法定代表人/负责人身份证（或护照）。

3.1.3 财务信息
查阅审计报告、财务报表，其中审计报告为具有资质的第三方机构出具。

3.1.4 资信等级证明
查阅银行或专业评估机构出具的证明。

3.1.5 注册资本和股本结构
查阅验资报告。

3.2 报告证书

3.2.1 ※检测报告
查阅检测报告、送样样品生产过程记录及其他支撑资料。检测报告需符合以下要求：

a) 检测报告出具机构为国家授权的专业检测机构，检验机构具有计量认证证书（CMA）或中国合格评定国家认可委员会颁发的实验室认可证书（CNAS），且证书附表检测范围涵盖所核实产品，境外机构出具的检测报告同时提供中文版本或经公证后的中文译本。

b) 检测报告的委托方和产品制造方是供应商自身。

c) 检测产品类别与被核实的产品相一致。

d) 不同型式（油质、流量、电压等级）产品的检测报告不可互相代替。

e) 国家标准、行业标准规定的检测报告有效期有差异的，以有效期短的为准；国家标准、行业标准均未明确检测报告有效期的，检测报告有效期按长期有效认定。

f) 产品的检测报告符合相应的国家标准、行业标准、国家电网有限公司物资采购规范规定的要求。

g) 产品在设计、材料或制造工艺改变或者产品转厂生产或异地生产时，需重新进行相应的试验。

3.2.2 质量管理体系
具有健全的质量管理体系且运行情况良好，查阅管理体系认证书或其他证明材料。

3.3 产品业绩
查阅供货合同及相对应的合同销售发票。

a) 合同的供货方和实际产品的生产方均为供应商自身。

b) 出口业绩提供报关单、中文版本或经公证后的中文译本合同，业绩电压等级与国内不同时，往下取国内最接近的电压等级。

c) 不予统计的业绩有（不限于此）：
　　1) 与同类产品制造厂之间的业绩。
　　2) 作为元器件、组部件的业绩。
　　3) 供应商与经销商、代理商之间的业绩（出口业绩除外）。

4 设计研发能力

4.1 技术来源与支持
查阅与合作支持方的协议及设计文件图纸等相关信息。

4.2 设计研发内容
查阅新产品新材料的设计、试验、关键工艺技术、质量控制方面的研发情况。

4.3 设计研发人员
查阅设计研发部门的机构设置及人员信息。

4.4 获得专利情况
查阅与产品相关的专利证书。

4.5 参与标准制（修）订情况
查阅主持或参与制（修）订并已颁布的标准等证明材料信息，在发布的标准前言中需有被核实供应商的署名。

4.6 产品获奖情况
查阅与产品相关的省部级及以上获奖证书的相关信息。

4.7 商业信誉
查阅企业相关国家、行业或第三方发布的综合实力、品牌等排名。

5 ※生产厂房

查阅不动产权证书、土地使用权证、房屋产权证、厂房设计图纸、房屋租赁合同、用电客户编号等相关信息。

具有与产品相配套的厂房，厂房为自有或长期租赁。厂房面积、生产环境和工艺布局按从原材料/组部件到产品入库所规定的每道工序的工艺文件及工艺技术的要求合理布局，且能保证被核实产品的生产。

6 数智制造

应用互联网和物联网技术，打造"透明工厂"，生产制造、试验检验、原材料/组部件管理等信息对买方公开，接入国家电网电工装备智慧物联平台。

加强数字基础设施建设，推动数字技术与先进制造技术融合发展。供应商相关业务数据、原材料/组部件检验数据、生产过程检验数据、出厂试验数据、成品信息数据和视频数据等支持自动采集或系统推送。数据接口需保障数据完整性、正确性、安全性，具有可扩展性、通信实时性等。

7 绿色发展

查看供应商资源能源消耗情况、战略体系、绿色认证及其他支撑材料，包括：

a) 相关油、水、气、煤及电力、热力等能源消耗，建立能源利用统计报表制度，分析生产经营环节能源利用情况。

b） 相关绿色工厂认证、绿色产品标识、绿色供应链管理等相关资质文件。
c） 将绿色发展理念融入战略体系中，并形成明确的绿色发展目标，制定详实且具有操作性的实施路径。
d） 建立、实施并保持支撑企业绿色低碳发展的绿色管理体系情况，包括但不限于能源管理体系、碳排放管理体系、能源计量管理体系等。
e） 使用无害原材料，禁止使用国家明令禁止的淘汰设备、工艺技术等，并应用国家鼓励的节能设备与先进工艺技术情况。
f） 建立完善的绿色采购管理制度，推广绿色包装材料应用，并建立系统的循环利用体系，实施绿色制造情况。
g） 生产环节的大气污染物排放、水体污染物排放、固体废弃物排放、噪声排放等基础排放符合相关国家标准及地方标准要求情况。

8 售后服务

查阅管理文件、组织机构设置、人员档案及售后服务记录等相关信息，查阅以往的售后服务记录，记录完整规范，并具有可追溯性。

本文件中所有核实内容都将对供应商参与招投标活动有重要影响，其中标记"※"的内容是以往招标必备项的要求，也是重点核实内容，其他未标记"※"的为一般核实内容。

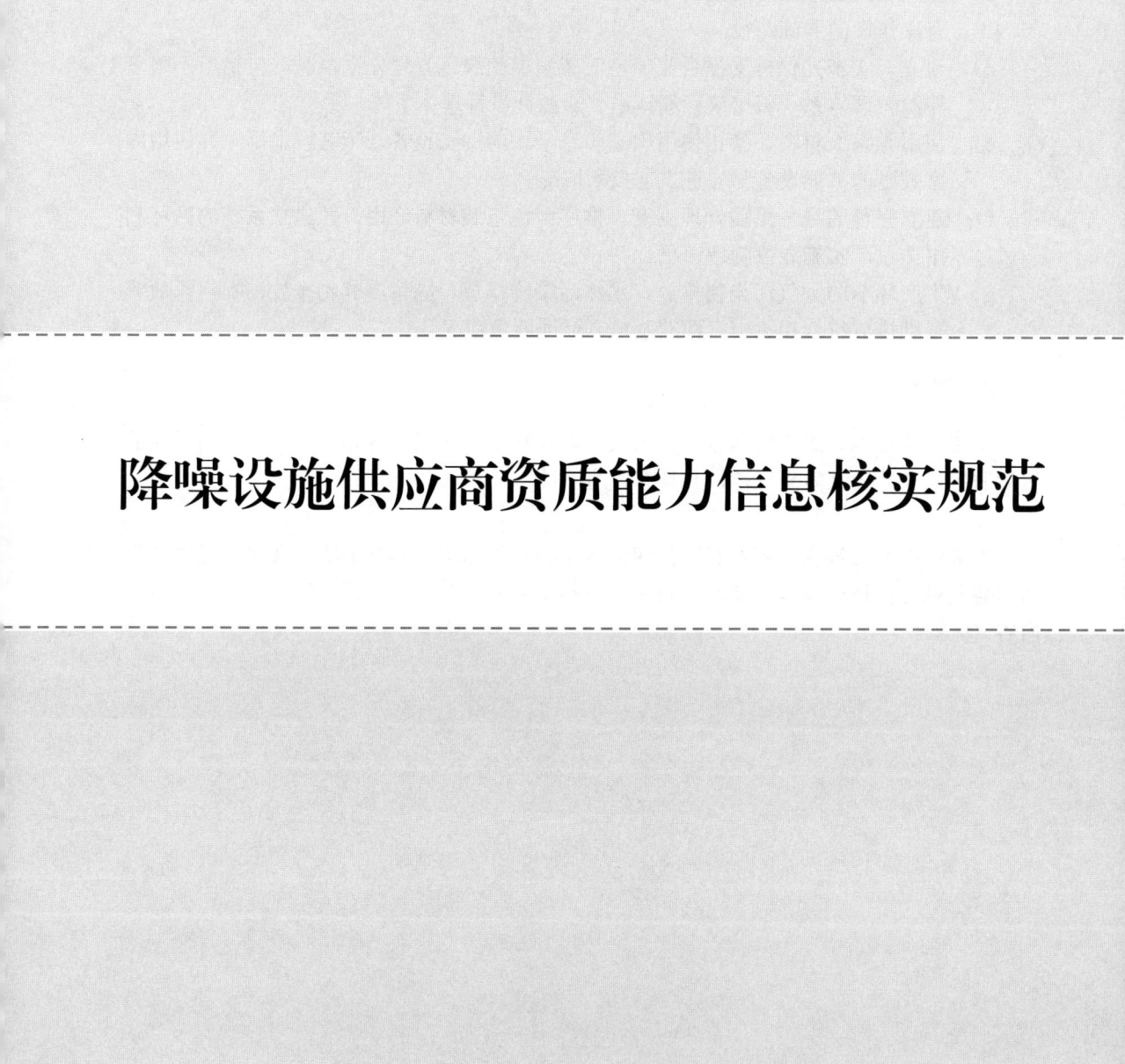

降噪设施供应商资质能力信息核实规范

目　次

1 范围 ·· 64
2 规范性引用文件 ·· 64
3 资质信息 ··· 65
　3.1 企业信息 ··· 65
　3.2 报告证书 ··· 65
　3.3 产品业绩 ··· 66
4 设计研发能力 ·· 66
　4.1 技术来源与支持 ·· 66
　4.2 设计研发内容 ·· 66
　4.3 设计研发人员 ·· 66
　4.4 获得专利情况 ·· 66
　4.5 参与标准制（修）订情况 ·· 67
　4.6 产品获奖情况 ·· 67
　4.7 商业信誉 ··· 67
5 生产制造能力 ·· 67
　5.1 ※生产厂房 ·· 67
　5.2 生产工艺 ··· 67
　5.3 ※生产设备 ·· 67
　5.4 生产、技术、质量管理人员 ··· 67
6 原材料/组部件管理 ·· 68
　6.1 ※管理规章制度 ·· 68
　6.2 管理控制情况 ·· 68
7 数智制造 ··· 68
8 绿色发展 ··· 68
9 售后服务 ··· 69

降噪设施供应商资质能力信息核实规范

1 范围

本文件规定了国家电网有限公司对降噪设施类产品供应商的资质条件及制造能力信息进行核实的依据。

本文件适用于国家电网有限公司降噪设施产品供应商的信息核实工作。包括：

a) 吸音板。
b) 声屏障。
c) 平抗吸声体。
d) 换流变降噪设施。
e) 隔声门。
f) 高抗隔声罩。

2 规范性引用文件

下列文件中的内容通过文中的规范性引用而构成本文件必不可少的条款。其中，注日期的引用文件，仅该日期对应的版本适用于本文件；不注日期的引用文件，其最新版本（包括所有的修改单）适用于本文件。

GB 247　钢板和钢带包装、标志及质量证明书的一般规定

GB/T 706　热轧型钢

GB/T 709　热轧钢板和钢带的尺寸、外形、重量及允许偏差

GB/T 1720　漆膜划圈试验

GB 1771　色漆和清漆　耐中性盐雾性能的测定

GB 3096　声环境质量标准

GB/T 3235　通风机基本型式、尺寸参数及性能曲线

GB/T 5117　非合金钢及细晶粒钢焊条

GB/T 5118　热强钢焊条

GB 6739　色漆和清漆　铅笔法测定漆膜硬度

GB 6881.1　声学　声压法测定噪声源声功率级混响室精密法

GB 6881.2　声学　声压法测定噪声源声功率级和声能量级　混响场内小型可移动声源工程法　硬壁测试室比较法

GB 6881.3　声学　声压法测定噪声源声功率级混响场中小型可移动声源工程法 第2部分：专用混响测试室法

GB/T 11263　热轧H型钢和剖分T型钢
GB 12348　工业企业厂界环境噪声排放标准
GB/T 12754　彩色涂层钢板及钢带
GB/T 13448　彩色涂层钢板及钢带试验方法
GB/T 14367　声学　噪声源声功率级的测定　基础标准使用指南
GB/T 17626.2　静电放电抗扰度试验
GB/T 17626.3　射频电磁场辐射抗扰度试验
GB/T 17626.4　电快速瞬变脉冲群抗扰度试验
GB/T 17626.5　浪涌（冲击）抗扰度试验
GB/T 17626.6　射频场感应的传导骚扰抗扰度
GB/T 17626.8　工频磁场的抗扰度试验
GB 19761　通风机能效限定值及能效等级
GB 50017　钢结构设计标准
GB 50169　电气装置安装工程　接地装置施工及验收规范
GB 50205　钢结构工程施工质量验收标准
DL/T 5190.1　电力建设施工技术规范　第1部分：土建结构工程
DL/T 5210.1　电力建设施工质量验收规程　第1部分：土建工程
HJ/T 90　声屏障声学设计和测量规范
JC/T 469　吸声用玻璃棉制品
JGJ 145　混凝土结构后锚固技术规程

3　资质信息

3.1　企业信息

3.1.1　※基本信息

查阅营业执照。

供应商为中华人民共和国境内依法注册的法人或其他组织。

3.1.2　法定代表人/负责人信息

查阅法定代表人/负责人身份证（或护照）。

3.1.3　财务信息

查阅审计报告、财务报表，其中审计报告为具有资质的第三方机构出具。

3.1.4　资信等级证明

查阅银行或专业评估机构出具的证明。

3.1.5　注册资本和股本结构

查阅验资报告。

3.2　报告证书

3.2.1　检测报告

查阅主要组部件检测报告。检测报告需符合以下要求：

a) 检测报告出具机构为国家授权的专业检测机构，检测机构具有计量认证证书（CMA）或中国合格评定国家认可委员会颁发的实验室认可证书（CNAS），且证书附表检测范围涵盖被核实产品的试验项目。
b) 检测报告的委托方和产品制造方是供应商自身。
c) 吸隔声板、吸声体、消声器需提供声学性能测试检测报告。
d) 根据采用的不同的脱落方案，提供可熔断隔声板的荷载承重力学性能、燃烧性能、光老化性能、热老化性能测试等检测报告；或高温熔断板的弯曲强度、热变形温度、熔点（或熔融峰）、燃烧性能等级、热老化性能测试等检测报告。
e) 所有降噪材料（包括吸隔声板、吸声体、消声器、高温熔断板、钢结构涂料等）需提供环保检测报告。
f) 国家标准、行业标准规定的检测报告有效期有差异的，以有效期短的为准；国家标准、行业标准均未明确检测报告有效期的，检测报告有效期按长期有效认定。

3.2.2 质量管理体系

具有健全的质量管理体系，且运行情况良好，查阅管理体系认证证书或其他证明材料。

3.3 产品业绩

查阅供货合同及相对应的合同销售发票。

a) 合同的供货方和实际产品的生产方均为供应商自身。
b) 出口业绩提供报关单、中文版本或经公证后的中文译本合同，业绩电压等级与国内不同时，往下取国内最接近的电压等级。
c) 统计换流站或电厂的噪声治理项目（提供全部吸音/隔声材料、钢结构等）供货业绩。
d) 不予统计的业绩有（不限于此）：
   1) 与同类产品制造厂之间的业绩。
   2) 作为元器件、组部件的业绩。
   3) 供应商与经销商、代理商之间的业绩（出口业绩除外）。

4 设计研发能力

4.1 技术来源与支持

查阅与合作支持方的协议及设计文件图纸等相关信息。

4.2 设计研发内容

查阅产品/材料的设计、试验、关键工艺技术、质量控制方面的情况。

4.3 设计研发人员

查阅设计研发部门的机构设置及人员信息。

4.4 获得专利情况

查阅与产品相关的专利证书。

4.5 参与标准制（修）订情况

查阅主持或参与制（修）订并已发布的标准及相关证明材料信息。

4.6 产品获奖情况

查阅与产品相关的获奖证书的相关信息。

4.7 商业信誉

查阅企业相关国家、行业或第三方发布的综合实力、品牌等排名。

5 生产制造能力

5.1 ※生产厂房

查阅不动产权证书、土地使用权证、房屋产权证、厂房设计图纸、房屋租赁合同、用电客户编号等相关信息。

具有与产品相配套的厂房，厂房为自有或长期租赁。厂房面积、生产环境和工艺布局按从原材料/组部件到产品入库所规定的每道工序的工艺文件及工艺技术的要求合理布局，且能保证被核实产品的生产。

5.2 生产工艺

查阅供应商提供的工艺控制文件、管理体系文件及工艺流程控制记录等相关信息。

5.2.1 工艺控制文件

具有完整的工艺控制文件体系，各工序的作业指导书、工艺控制文件齐全、统一、规范。主要工艺环节包括冲制、折弯、机加工、焊接、装配等，其工艺文件中所规定的关键技术要求和技术参数不低于国家标准、电力行业标准、国家电网有限公司物资采购标准的规定。各工艺环节中无国家明令禁止的行为。

5.2.2 关键生产工艺控制

产品工艺技术成熟、稳定。从原材料/组部件到产品入库所规定的每道工序的工艺技术能保证产品生产的需要。生产产品的各个工序按工艺文件执行，现场记录内容规范、详实，并具有可追溯性。现场定置管理，有明显的标识牌，主要生产设备的操作规程图表上墙。

5.3 ※生产设备

查阅设备的现场实际情况及购买合同、发票等相关信息。

a) 具有与被核实产品生产相适应的设备，不能租用或借用。
b) 设备使用正常。设备上的计量仪器仪表具有有效期内的检定证书或校准证书，有明显的计量标识。建立设备管理档案（包括使用说明、台账、保养维护记录等），其维修保养等记录规范、详实，具有可追溯性。
c) 主要生产设备如下：冲压设备（至少包含冲压机），钣金成型设备（至少包含折弯机），机加工设备（至少包含剪板机、空压机、切割机、电焊机）。

5.4 生产、技术、质量管理人员

查阅人力资源部门管理文件（如劳动合同、人员花名册、社保证明等），包括生产、技术、质量管理等人员数量。结合现场实际情况，观察现场人员的操作水平。

a) 具有生产需要的专职生产人员及技术人员，且不得借用其他公司的。一线生产人员培训上岗，操作熟练。
b) 具有质量管理组织机构、质量管理部门及人员。
c) 具有人员培训记录、上岗资格证书等。

6 原材料/组部件管理

6.1 ※管理规章制度

查阅原材料/组部件管理规章制度。
a) 进厂检验制度及其他原材料/组部件管理制度。
b) 主要原材料/组部件供应商评估筛选制度。
c) 原材料/组部件仓储管理制度。

6.2 管理控制情况

查阅原材料/组部件管理实际控制情况。原材料/组部件管理需符合以下要求：
a) 主要原材料/组部件包括板材、型材、吸隔声材料等。符合国家或行业标准要求。采用的原材料、组部件无国家明令禁止的。
b) 按工艺文件所规定的技术要求和相应管理文件，根据生产计划采购，有原材料/组部件供应商的评估筛选记录。主要原材料/组部件供应商变更有相应的报告并在相关工艺文件中说明。
c) 按规定进行进厂检验，验收合格后入库，检测记录完整、详实，具有可追溯性。
d) 物资仓库有足够的存储空间和适宜的环境，实行定置管理，分类独立存放，标识清晰、正确、规范、合理。
e) 原材料/组部件使用现场记录内容规范、详实，具有可追溯性。

7 数智制造

应用互联网和物联网技术，打造"透明工厂"，生产制造、试验检验、原材料/组部件管理等信息对买方公开，接入国家电网电工装备智慧物联平台。

加强数字基础设施建设，推动数字技术与先进制造技术融合发展。供应商相关业务数据、原材料/组部件检验数据、生产过程检验数据、出厂试验数据、成品信息数据和视频数据等支持自动采集或系统推送。数据接口需保障数据完整性、正确性、安全性，具有可扩展性、通信实时性等。

8 绿色发展

查看供应商资源能源消耗情况、战略体系、绿色认证及其他支撑材料，包括：
a) 相关油、水、气、煤及电力、热力等能源消耗，建立能源利用统计报表制度，分析生产经营环节能源利用情况。
b) 相关绿色工厂认证、绿色产品标识、绿色供应链管理等相关资质文件。
c) 将绿色发展理念融入战略体系中，并形成明确的绿色发展目标，制定详实且具有操作性的实施路径。
- d) 建立、实施并保持支撑企业绿色低碳发展的绿色管理体系情况，包括但不限于能源管理体系、碳排放管理体系、能源计量管理体系等。
- e) 使用无害原材料，禁止使用国家明令禁止的淘汰设备、工艺技术等，并应用国家鼓励的节能设备与先进工艺技术情况。
- f) 建立完善的绿色采购管理制度，推广绿色包装材料应用，并建立系统的循环利用体系，实施绿色制造情况。
- g) 生产环节的大气污染物排放、水体污染物排放、固体废弃物排放、噪声排放等基础排放符合相关国家标准及地方标准要求情况。

9 售后服务

查阅管理文件、组织机构设置、人员档案及售后服务记录等相关信息，查阅以往的售后服务记录，记录完整规范，并具有可追溯性。

本文件中所有核实内容都将对供应商参与招投标活动有重要影响，其中标记"※"的内容是以往招标必备项的要求，也是重点核实内容，其他未标记"※"的为一般核实内容。

航空警示装置供应商资质能力信息核实规范

目　次

1 范围 ··· 72
2 规范性引用文件 ··· 72
3 资质信息 ··· 72
　3.1 企业信息 ··· 72
　3.2 报告证书 ··· 73
　3.3 产品业绩 ··· 73
4 设计研发能力 ··· 73
　4.1 技术来源与支持 ··· 73
　4.2 设计研发内容 ··· 73
　4.3 设计研发人员 ··· 73
　4.4 获得专利情况 ··· 73
　4.5 参与标准制（修）订情况 ··· 73
　4.6 产品获奖情况 ··· 74
5 生产制造能力 ··· 74
　5.1 生产厂房 ··· 74
　5.2 生产、技术、质量管理人员 ··· 74
6 数智制造 ··· 74
7 绿色发展 ··· 74
8 售后服务及产能 ··· 75

航空警示装置供应商资质能力信息核实规范

1 范围

本文件规定了国家电网有限公司对航空警示装置产品供应商的资质条件及制造能力信息进行核实的依据。

本文件适用于国家电网有限公司航空警示装置产品供应商的信息核实工作。包括：

a） 航空障碍灯；

b） 航空标志球。

2 规范性引用文件

下列文件对于本文件的应用是必不可少的。凡是注日期的引用文件，仅注日期的版本适用于本文件。凡是不注日期的引用文件，其最新版本（包括所有的修改单）适用于本文件。

a） 航空障碍灯：

MH 5001—2021　民用机场飞行区技术标准

KFB 507—2005　军用机场净空区障碍物标志技术规范

MH/T 6012—2015　航空障碍灯

AC－137－CA—2017－05　航空障碍灯检测规范

国务院、中央军委关于印发《军用机场净空规定》的通知（国发〔2001〕29号）中《军用机场净空规定》

其他相关的现行国家、行业有关法律、法规和规范。

b） 航空标志球：

MH 5001—2021　民用机场飞行区技术标准

KFB 507—2005　军用机场净空区障碍物标志技术规范

国务院、中央军委关于印发《军用机场净空规定》的通知（国发〔2001〕29号）中《军用机场净空规定》

其他相关的现行国家、行业有关法律、法规和规范。

3 资质信息

3.1 企业信息

3.1.1 ※基本信息

查阅企业营业执照、税务登记证、组织机构代码证。

供应商为中华人民共和国境内依法注册的法人或其他组织。

3.1.2 法定代表人/负责人信息

查阅法定代表人/负责人身份证（或护照）。

3.1.3 财务信息

查阅审计报告、财务报表，其中审计报告为具有资质的第三方机构出具。

3.1.4 资信等级证明

查阅银行或专业评估机构出具的证明。

3.1.5 注册资本和股本结构

查阅验资报告。

3.2 报告证书

3.2.1 ※专用设备通告（适用于航空障碍灯）

须提供在"民用机场专用设备信息管理系统"的"专用设备通告"中导出的供应商自身在有效期内的设备通告，且专用设备通告的产品制造方为供应商自身。

3.2.2 质量管理体系

具有健全的质量管理体系且运行情况良好，查阅管理体系认证书或其他证明材料。

3.3 产品业绩

查阅供货合同及相对应的销售发票。

a) 合同的供货方和实际产品的生产方均为供应商自身。
b) 不予统计的业绩有（包括但不限于）：
   1) 与同类产品制造厂之间的业绩。
   2) 在试验室或试验站的业绩。
   3) 与代理商之间的业绩（出口业绩除外）。
   4) 出口业绩的外贸合同、发票、报关单及对应产品型号等信息资料难以核实或不全的。

4 设计研发能力

4.1 技术来源与支持

查阅与合作支持方的协议及设计文件图纸等相关资料。

4.2 设计研发内容

查阅产品的设计、试验、关键技术、质量控制方面的研发情况。

4.3 设计研发人员

查阅设计研发部门的机构设置及人员等信息。

4.4 获得专利情况

查阅专利证书。

4.5 参与标准制（修）订情况

查阅参与制（修）订并已颁布的标准等证明材料信息。

4.6 产品获奖情况

查阅获奖证书等相关信息。

5 生产制造能力

5.1 生产厂房

查阅不动产权证书、土地使用权证、房屋产权证、厂房设计图纸、房屋租赁合同等相关信息。

具有与产品相配套的厂房，厂房为自有或长期租赁，厂房面积符合生产产品的要求。

5.2 生产、技术、质量管理人员

查阅人力资源部门管理文件（如劳动合同、人员花名册、社保证明等），包括生产、技术、质量管理等人员数量。

6 数智制造

应用互联网和物联网技术，打造"透明工厂"，生产制造、试验检验、原材料/组部件管理等信息对买方公开，接入国家电网电工装备智慧物联平台。

加强数字基础设施建设，推动数字技术与先进制造技术融合发展。供应商相关业务数据、原材料/组部件检验数据、生产过程检验数据、出厂试验数据、成品信息数据和视频数据等支持自动采集或系统推送。数据接口需保障数据完整性、正确性、安全性，具有可扩展性、通信实时性等。

7 绿色发展

查看供应商资源能源消耗情况、战略体系、绿色认证及其他支撑材料，包括：

a) 相关油、水、气、煤及电力、热力等能源消耗，建立能源利用统计报表制度，分析生产经营环节能源利用情况。

b) 相关绿色工厂认证、绿色产品标识、绿色供应链管理等相关资质文件。

c) 将绿色发展理念融入战略体系中，并形成明确的绿色发展目标，制定详实且具有操作性的实施路径。

d) 建立、实施并保持支撑企业绿色低碳发展的绿色管理体系情况，包括但不限于能源管理体系、碳排放管理体系、能源计量管理体系等。

e) 使用无害原材料，禁止使用国家明令禁止的淘汰设备、工艺技术等，并应用国家鼓励的节能设备与先进工艺技术情况。

f) 建立完善的绿色采购管理制度，推广绿色包装材料应用，并建立系统的循环利用体系，实施绿色制造情况。

g) 生产环节的大气污染物排放、水体污染物排放、固体废弃物排放、噪声排放等基础排放符合相关国家标准及地方标准要求情况。

8 售后服务及产能

　　查阅管理文件、组织机构设置、人员档案及售后服务记录等相关信息。

　　本文件中所有核实内容都将对供应商参与招投标活动有重要影响，其中标记"※"的内容是以往招标必备项的要求，也是重点核实内容，其他未标记"※"的为一般核实内容。

输电线路小型无人机巡检系统供应商资质能力信息核实规范

目　次

1 范围 ·· 78
2 规范性引用文件 ·· 78
3 资质信息 ··· 78
　3.1 企业信息 ·· 78
　3.2 报告证书 ·· 79
　3.3 产品业绩 ·· 79
4 设计研发能力 ··· 79
5 生产制造能力 ··· 79
　5.1 ※生产厂房 ·· 79
　5.2 生产工艺 ·· 79
　5.3 ※生产设备 ·· 80
　5.4 ※生产、技术、质量管理人员 ·· 80
　5.5 主要组部件情况 ··· 80
6 试验检测能力 ··· 80
　6.1 ※试验场所 ·· 80
　6.2 试验检测管理 ·· 80
　6.3 试验检测设备 ·· 81
　6.4 现场抽样 ·· 81
7 原材料/组部件管理 ··· 82
　7.1 管理规章制度 ·· 82
　7.2 管理控制情况 ·· 82
8 数智制造 ··· 82
9 绿色发展 ··· 82
10 售后服务及产能 ·· 83
附录A 试验项目 ··· 84
附录B 主要生产设备 ··· 85
附录C 主要试验检测设备 ·· 86

输电线路小型无人机巡检系统供应商
资质能力信息核实规范

1 范围

本文件是国家电网有限公司对输电线路小型无人机巡检系统产品供应商的资质条件及制造能力信息进行核实的依据。

本文件适用于国家电网有限公司输电线路无人机巡检系统产品供应商的信息核实工作。包括：

a) 小型旋翼无人机巡检系统。
b) 固定翼无人机巡检系统。

2 规范性引用文件

下列文件中的内容通过文中的规范性引用而构成本文件必不可少的条款。其中，注日期的引用文件，仅该日期对应的版本适用于本文件；不注日期的引用文件，其最新版本（包括所有的修改单）适用于本文件。

DL/T 1578—2016　架空输电线路无人直升机巡检系统
Q/GDW 11384—2015　架空输电线路固定翼无人机巡检系统
Q/GDW 11385—2015　架空输电线路无人直升机巡检系统

3 资质信息

3.1 企业信息

3.1.1 ※基本信息

查阅营业执照。
供应商为中华人民共和国境内依法注册的法人或其他组织。

3.1.2 法定代表人/负责人信息

查阅法定代表人/负责人身份证（或护照）。

3.1.3 财务信息

查阅审计报告、财务报表，其中审计报告为具有资质的第三方机构出具。

3.1.4 资信等级证明

查阅银行或专业评估机构出具的证明。

3.1.5 注册资本和股本结构

查阅验资报告。

3.2 报告证书

3.2.1 ※检测报告

查阅试验报告、送样样品生产过程记录及其他支撑资料。

小型旋翼无人机具有 CNAS 或 CMA 资质的第三方检测机构出具的合格的小型无人直升机系统试验检测报告，试验报告检测标准为 DL/T 1578—2016。固定翼无人机具有 CNAS 或 CMA 资质的第三方检测机构出具的合格的固定翼无人机系统试验检测报告。试验报告项目详见附录 A。

3.2.2 质量管理体系

具有健全的质量管理体系且运行情况良好，查阅管理体系认证书或其他证明材料。

3.3 产品业绩

查阅供货合同、发票。若合同信息无法反映具体产品，可以附上技术说明。

a) 合同的供货方为供应商自身。
b) 提供的产品合同业绩为国内同类产品的合同业绩。
c) 提供的产品合同业绩为整机销售业绩（工业领域）。
d) 供货业绩是指供应商与最终用户的供货业绩，不予统计的业绩有（不限于此）：
   1) 与同类产品制造厂之间的业绩。
   2) 产品在试验室或试验站的业绩。
   3) 作为元器件、组部件的业绩。
   4) 供应商与代理商、经销商之间的业绩。

4 设计研发能力

查阅产品整体设计加工图纸、科技成果、知识产权、标准编制等取得和参与情况，查阅资料，核实生产研发情况。

供应商具有自主设计研发能力和自主知识产权。

5 生产制造能力

5.1 ※生产厂房

查阅土地使用权证、房屋产权证、厂房设计图纸等相关信息。

具有与产品相配套的场地（包括专用生产组装场地、原材料存放场地、试飞场地、调试场地等），如生产场地为自有场地，查阅土地使用权证、房屋产权证等相关信息，如生产场地为非自有场地，需具有长期租赁合同。

5.2 生产工艺

查阅原材料/组部件生产、检测工艺控制文件及工艺流程控制记录等相关信息。主要设备均有操作规程，且操作规程内容具有可操作性。

5.2.1 工艺控制文件

各工序的作业指导书、工艺控制文件齐全、统一、规范。各工艺环节中无国家明令禁止的行为。

5.2.2 关键生产工艺控制

从原材料/组部件到产品入库所规定的每道工序的工艺技术能保证产品生产的需要。生产产品的各个工序按工艺文件执行，现场记录内容规范、详实，具有可追溯性。现场有明显的标识牌，有生产设备的操作规程。具有自行生产、组装、试验、调试能力。

5.3 ※生产设备

查阅设备的现场实际情况及购买发票等相关信息。

a) 具有与产品生产相适应的设备（详见附录 B），工装设备需自有，不得借用、租用其他公司的工装设备。
b) 自主研制的工装设备提供设计图纸、委外加工协议等支撑材料。
c) 设备使用正常，设备上的计量仪器仪表具有检定报告，并在检定合格期内。

5.4 ※生产、技术、质量管理人员

查阅人力资源部门管理文件（如劳动合同、人员花名册、社保、培训记录、职称证书等），核实管理人员、设计研发人员、生产制造人员、试验检验人员、售后服务人员等。

a) 员工与供应商签订劳动合同，具有社保证明，不可借用其他公司的人员。
b) 中、高级职称人员具有中、高级职称证书。

供应商组织员工定期培训，并且对培训记录进行存档管理。

5.5 主要组部件情况

查阅产品主要组部件合作商的采购合同或协议等相关信息，如自行开发或生产需提供相关证明材料。

小型旋翼无人机巡检系统主要组部件包括：机身（含电机、桨叶）、测控与通信链路（图传、数传）、任务设备、地面显控单元（地面站）、飞行控制软件系统、动力电池及遥控手柄等。

固定翼无人机巡检系统主要组部件包括：机身（含电机/发动机、桨叶）、测控与通信链路（图传、数传）、任务设备、地面显控单元（地面站）、飞行控制软件系统、动力电池（电动型）及遥控手柄等。

6 试验检测能力

6.1 ※试验场所

6.1.1 试验调试场所

查看试验调试场所现场情况。

试验调试场所尺寸要符合产品试验的要求。

6.1.2 试飞场地

具有产品试飞场地（自有或租赁）。

6.2 试验检测管理

查阅相关的规章制度文件、过程记录及出厂试验记录等相关信息。

具有试验室管理制度、操作规程、试验标准，并在操作过程中严格按照规程执行。

6.3 试验检测设备

查阅设备的现场实际情况及购买发票等相关信息。

a) 具有满足全部出厂试验项目的设备（详见附录 C），不能租用、借用其他公司的设备、或委托其他单位进行出厂试验。

b) 自主研制的试验设备需提供设计图纸、委外加工协议等支撑材料。

c) 设备使用正常，具有检定报告，并在检定合格期内。强检计量仪器、设备具有相应资格单位出具的有效检定证书。

6.4 现场抽样

原则上现场应对与被核实产品相同或相近型式的产品进行抽样检验。样品应在供应商声明的合格产品中抽取，抽样检验项目一般在出厂试验项目中选取。抽样检验重点核实供应商试验方法、试验场地环境、人员操作能力、仪器设备有效性和产品性能等方面。

在现有产品中随机抽取 1 套无人机产品进行现场抽样检测，抽样检测操作由供应商的试验人员独立完成。抽样检测项目及要求如下：

a) ※小型旋翼无人机：
   1) 悬停时间测试：搭载任务设备时，无地效悬停时间不少于 25min，查看无人机的飞行姿态及稳定性，并记录最长悬停时间。
   2) 安全策略测试：支持一键返航。具备失去链路信号后的自动返航功能。
   3) 测控距离测试：在飞行高度 40m 时，测控数据和影像的传输距离不小于 1km。
   4) 可见光成像性能测试：可见光传感器的影像满足在距离 10m 处清晰分辨销钉级目标，可通过拍摄尺寸近似于销钉（ϕ1.4mm）的其他替代物品的形式进行核实。
   5) 红外成像性能测试（选测）：具备红外测温功能，红外传感器的影像满足在距离 10m 处清晰分辨发热点，具备热图数据，可实时显示温度最高点位置及温度值。

b) 固定翼无人机：
   1) 机载追踪器测试：查看机载追踪器是否可自动向地面控制站或遥控手柄、手机等设备发送位置信息。
   2) 自主起降测试：根据无人机的自主起降方式进行现场测试，查看是否能够成功自主起降。
   3) 续航时间测试：正常作业环境条件并搭载有效荷载时，飞行续航时间不小于 60min。
   4) 一键返航测试：飞行时触发一键返航功能，查看无人机是否能立刻返回至起飞点降落或盘旋。
   5) 三维程控飞行测试：查看无人机是否具备三维坐标程控飞行功能，能否按预定轨迹平稳飞行。
   6) 可见光成像性能测试：飞行真高 200m 时，能否识别航线垂直方向上两侧各 100m 范围内的 0.5m×0.5m 静态目标。

垂起固定翼无人机在旋翼垂起阶段的续航时间不小于 12min。

7 原材料/组部件管理

7.1 管理规章制度

查阅管理规章制度。

具有进厂检验制度及其他原材料组部件管理制度。

具有主要原材料/组部件供应商筛选制度。

7.2 管理控制情况

查看原材料/组部件管理实际执行情况。

按工艺文件所规定的技术要求和相应管理文件，根据生产计划采购。主要原材料/组部件供应商变更有相应的报告并在相关工艺文件中说明。

按规定进行进厂检验，验收合格后入库。

分类独立存放，物资仓库有足够的存储空间和适宜的环境，实行定置管理，标识清晰、正确、规范、合理。

原材料/组部件使用现场记录内容规范、详实，具有可追溯性。

8 数智制造

应用互联网和物联网技术，打造"透明工厂"，生产制造、试验检验、原材料/组部件管理等信息对买方公开，接入国家电网电工装备智慧物联平台。

加强数字基础设施建设，推动数字技术与先进制造技术融合发展。供应商相关业务数据、原材料/组部件检验数据、生产过程检验数据、出厂试验数据、成品信息数据和视频数据等支持自动采集或系统推送。数据接口需保障数据完整性、正确性、安全性，具有可扩展性、通信实时性等。

9 绿色发展

查看供应商资源能源消耗情况、战略体系、绿色认证及其他支撑材料，包括：

a) 相关油、水、气、煤及电力、热力等能源消耗，建立能源利用统计报表制度，分析生产经营环节能源利用情况。

b) 相关绿色工厂认证、绿色产品标识、绿色供应链管理等相关资质文件。

c) 将绿色发展理念融入战略体系中，并形成明确的绿色发展目标，制定详实且具有操作性的实施路径。

d) 建立、实施并保持支撑企业绿色低碳发展的绿色管理体系情况，包括但不限于能源管理体系、碳排放管理体系、能源计量管理体系等。

e) 使用无害原材料，禁止使用国家明令禁止的淘汰设备、工艺技术等，并应用国家鼓励的节能设备与先进工艺技术情况。

f) 建立完善的绿色采购管理制度，推广绿色包装材料应用，并建立系统的循环利用体系，实施绿色制造情况。

g) 生产环节的大气污染物排放、水体污染物排放、固体废弃物排放、噪声排放等基础排放符合相关国家标准及地方标准要求情况。

10 售后服务及产能

查阅供应商对业主的培训资质、培训课程和教材、教具、培训教员等基本情况。查阅对应机型的运维保养手册及保养档案记录。核实供应商的维修能力、对应机型的备品备件库和按期提供备品备件的方式及能力。查阅对应机型的典型故障案例及故障处理措施。

供应商需确保产品具备完善的数据保密功能，不得通过网络（局域网、VPN虚拟专网、内部网等）联机调阅无人机巡检数据。对于返厂维修的无人机产品及相关数据信息未经业主许可，不得出境。

本文件中所有核实内容都将对供应商参与招投标活动有重要影响，其中标记"※"的内容是以往招标必备项的要求，也是重点核实内容，其他未标记"※"的为一般核实内容。

附 录 A
试 验 项 目

A.1 小型旋翼无人机巡检系统

试验项目包括：

a) 飞行功能试验（自检功能试验、飞行基本功能试验、测控距离试验、飞行安全策略试验、拍照功能试验、转动性能试验、可见光/红外成像性能试验）。
b) 抗电磁干扰性能试验（辐射抗扰度试验、雷击浪涌抗扰度试验、静电放电抗扰度试验）。
c) 一般环境适应性能试验（高温试验、低温试验、海拔适应性能试验、抗风飞行性能试验、抗雨飞行性能试验）。
d) 动力电池性能试验（外观、电气连接与绝缘、放电容量、安全）。
e) 其他（资料完整性、外观质量、操作性、维修性、储运）。

A.2 小型固定翼无人机巡检系统

试验项目包括：

a) 飞行功能试验（自检功能试验、起降方式试验、飞行基本功能试验、巡检能力试验、通信性能试验、飞行安全策略功能试验）。
b) 一般环境适应性能试验（高低温存储、跌落试验）。
c) 动力电池性能试验（外观、电气连接与绝缘试验、放电容量试验、安全试验）。
d) 其他（资料完整性、外观质量、操作性、维修性、储运）。

附 录 B
主 要 生 产 设 备

至少具有 2 种机械加工类设备及 1 种非金属材料加工类设备。

机械加工类设备（用于生产无人机金属类零部件）：如车床/数控车床、铣床/钻床/钻铣床/台钻/台式钻床、磨床/打磨机/台磨机、折弯机、焊机、曲线锯/锯床、立式加工中心、数控加工中心/CNC 加工中心。

非金属材料加工类设备（用于生产无人机碳纤维材料、复合材料、3D 打印材料等零部件）：雕刻机/激光雕刻机、切割机/数控切割机/激光切割机/型材切割机、3D 打印机、烤箱/烤房、喷漆机/喷漆房/烤漆房、模具等。

附 录 C
主 要 试 验 检 测 设 备

试验设备包括：

a) 整机测试试验设备（振动测试台、试验台、发动机测试台/电机转速测试仪等）。
b) 高低温试验设备（高低温试验箱等）。
c) 电池测试设备（内阻测试仪、直流电源等）。
d) 飞控系统测试调试软件。
e) 频谱仪等。

防火门供应商资质能力信息核实规范

目 次

1 范围 … 90
2 规范性引用文件 … 90
3 资质信息 … 91
   3.1 企业信息 … 91
   3.2 报告证书 … 92
   3.3 产品业绩 … 92
4 设计研发能力 … 93
   4.1 技术来源与支持 … 93
   4.2 设计研发内容 … 93
   4.3 设计研发人员 … 93
   4.4 设计研发工具 … 93
   4.5 软件管理能力 … 93
   4.6 获得专利情况 … 93
   4.7 参与标准制（修）订情况 … 93
   4.8 产品获奖情况 … 93
   4.9 参与的重大项目 … 93
   4.10 商业信誉 … 93
5 生产制造能力 … 93
   5.1 生产厂房 … 93
   5.2 生产工艺 … 93
   5.3 生产设备 … 94
   5.4 生产、技术、质量管理人员 … 94
6 试验检测能力 … 94
   6.1 试验场所 … 94
   6.2 试验检测管理 … 94
   6.3 试验检测设备 … 94
   6.4 试验检测人员 … 95
   6.5 ※现场抽样 … 95
7 原材料/组部件管理 … 95
   7.1 管理规章制度 … 95
   7.2 管理控制情况 … 95

  7.3 ※现场抽查 ………………………………………………………… 95
8 数智制造 ……………………………………………………………… 96
9 绿色发展 ……………………………………………………………… 96
10 售后服务及产能 ……………………………………………………… 96
附录 A 试验项目 …………………………………………………… 97
附录 B 生产设备 …………………………………………………… 98
附录 C 试验设备 …………………………………………………… 99
附录 D 出厂试验项目 ……………………………………………… 100

防火门供应商资质能力信息核实规范

1 范围

本文件是国家电网有限公司对防火门产品供应商的资质条件以及制造能力信息进行核实工作的依据。

本文件适用于国家电网有限公司防火门产品供应商的信息核实工作。防火门品种分类如下：

a) 木质防火门。
b) 钢质防火门。
c) 钢木质防火门。
d) 隔热防火门（A 类）。
e) 隔热防火门（B 类）。
f) 其他防火门。

2 规范性引用文件

下列文件中的内容通过文中的规范性引用而构成本文件必不可少的条款。其中，注日期的引用文件，仅该日期对应的版本适用于本文件；不注日期的引用文件，其最新版本（包括所有的修改单）适用于本文件。

GB/T 191　包装储运图示标志

GB/T 708　冷轧钢板和钢带的尺寸、外形、重量及允许偏差

GB/T 709　热轧钢板和钢带的尺寸、外形、重量及允许偏差

GB/T 2828.1　计数抽样检验程序　第 1 部分：按接收质量限（AQL）检索的逐批检验抽样计划

GB/T 4823　锯材缺陷

GB/T 5464　建筑材料不燃性实验方法

GB/T 5823　建筑门窗术语

GB/T 5824　建筑门窗洞口尺寸系列

GB/T 5825　建筑门窗开、关方向和开、关面的标志符号

GB/T 5907.1　消防基本术语　第 1 部分：通用术语

GB 6388　运输包装收发货标志

GB/T 7106　建筑外门和风压变形性能分级及其检测方法

GB 7633　门和卷帘的耐火试验方法

GB 8624　建筑材料及制品燃烧性能分级
GB/T 8625　建筑材料难燃性试验方法
GB 12955　防火门
GB/T 13306　标牌
GB 14102　钢制防火卷帘通用技术条件
GB/T 14436　工业产品保证文件　总则
GB 15763.1　建筑用安全玻璃　第1部分：防火玻璃
GB 16807　防火膨胀密封件
GB 16809　防火窗
GB/T 20285　材料产烟毒性危险分级
GB 23846　防火封堵材料
GB 50016　建筑设计防火规范
GB 50045　高层民用建筑设计防火规范
GB 50206　木结构工程施工质量验收规范
GB 50210　建筑装饰装修工程质量验收规范
GB 50222　建筑内部装修设计防火规范
GB 50300　建筑工程施工质量验收统一标准
DL 5027　电力设备典型消防规程
GA 93　防火门闭门器
JG/T 122　建筑木门、木窗
QB/T 2474　弹子插芯门锁
《国家电网公司电网设备消防管理规定》国网〔运检/2〕295—2014

3 资质信息

3.1 企业信息

3.1.1 ※基本信息
查阅营业执照。
供应商为中华人民共和国境内依法注册的法人或其他组织。

3.1.2 法定代表人/负责人信息
查阅法定代表人/负责人身份证（或护照）。

3.1.3 财务信息
查阅审计报告、财务报表，其中审计报告为具有资质的第三方机构出具。

3.1.4 资信等级证明
查阅银行或专业评估机构出具的证明。

3.1.5 注册资本和股本结构
查阅验资报告。

3.2 报告证书

3.2.1 ※检测报告

查阅型式试验报告、送样样品生产过程记录及其他支撑资料。

a) 型式试验报告出具机构为国家授权的专业检测机构［具有计量认证合格证书（CMA）及中国合格评定委员会颁发的 CNAS 实验室认可证书］。各类试验报告均系针对具体型式规格产品的试验报告。

b) 型式试验报告的委托方和产品制造方是供应商自身。

c) 型式试验报告符合相应的国家标准、行业标准规定的试验项目和试验数值的要求，试验报告项目详见附录 A。

d) 相同型号的产品，当产品在设计、工艺、生产条件或所使用的材料、主要元部件做重要改变时，或者产品转厂生产或异地生产时，应重新进行相应的型式试验。

e) 国家标准、行业标准规定的型式试验报告有效期有差异的，以有效期短的为准；国家标准、行业标准均未明确型式试验报告有效期的，型式试验报告有效期按长期有效认定。

f) 外购的核心组部件（如防火门闭门器、防火玻璃、防火锁等）应提供国家授权的专业检测机构出具的检测报告。

g) 外文报告提供经公证的中文译本。

3.2.2 安全认证

查阅安全认证证书。

实行自愿产品认证的防火门，应由具有法定资质的认证机构按照国家标准、行业标准的强制性要求认证合格，且产品名称、型号、规格应与检验报告一致。产品安全认证的委托方和产品制造方是供应商自身。

3.2.3 ※质量管理体系

具有健全的质量管理体系且运行情况良好，查阅管理体系认证书或其他证明材料。

3.3 产品业绩

查阅供货合同及相对应的销售发票。

a) 合同的供货方和实际产品的生产方均为供应商自身。

b) 出口产品业绩提供报关单。

c) 不予统计的业绩有（不限于此）：
   1) 同类产品制造厂之间的业绩。
   2) 出口业绩的外贸合同、发票、报关单及对应产品型号等信息资料难以核实或不全的。
   3) 作为元器件、组部件的业绩。
   4) 供应商与代理商之间的供货业绩。
   5) 在试验室或试验站的业绩。

4 设计研发能力

4.1 技术来源与支持
查阅自主研发资料、与合作支持方的协议及设计文件图纸等相关信息。

4.2 设计研发内容
查阅产品研发的设计、试验、关键工艺技术、质量控制方面的情况。

4.3 设计研发人员
查阅设计研发部门的机构设置及人员信息。

4.4 设计研发工具
查阅实际研发设计工具等相关信息。

4.5 软件管理能力
查阅供应商提供的软件版本规章制度文件、软件版本迭代过程记录。

4.6 获得专利情况
查阅与产品相关的已获授权专利证书。

4.7 参与标准制（修）订情况
查阅主持或参与制（修）订并已发布的标准及相关证明材料信息。

4.8 产品获奖情况
查阅与产品相关的省部级及以上获奖证书的相关信息。

4.9 参与的重大项目
查阅有关证明供应商参与重大项目的资料信息。

4.10 商业信誉
查阅企业相关国家、行业或第三方发布的综合实力、品牌等排名。

5 生产制造能力

5.1 生产厂房
查阅不动产权证书、土地使用权证、房屋产权证、厂房设计图纸、用电客户编号等相关信息。

具有与产品生产相配套的厂房，厂房若为租用则提供长期租用合同及相应证明文件等。其厂房面积、生产环境和工艺布局满足生产需要。从原材料/组部件存放、生产装配、检验到产品入库的每道工序场地合理布局满足工艺文件规定，能保证被核实产品的生产。

5.2 生产工艺
查阅工艺控制文件、管理文件及工艺流程控制记录等相关信息。

工艺控制文件、管理文件及工艺流程控制记录等符合相应的国家标准、行业标准要求。

5.2.1 工艺控制文件
主要生产工艺和工序控制点（焊接、组装、调试、检验等）的工艺文件，依据的技术标准正确，各工序控制参数满足相应的标准、工艺要求。作业指导书齐全且具有可操作性。工艺管理制度健全。各工艺环节中无国家明令禁止的行为。

5.2.2 关键生产工艺控制

产品工艺技术成熟、稳定，现场可见被核实产品或同类产品生产过程。从原材料/组部件到产品入库所规定的每道工序的工艺技术能保证产品生产的需要。生产产品的各个工序按工艺文件执行，现场记录内容规范、详实，具有可追溯性。现场定置管理，有明显的标识牌，主要生产设备的操作规程图表上墙。

5.3 生产设备

查阅设备的现场实际情况、采购合同及购买发票等相关信息。

a) 具有与产品生产相适应的设备，设备自有，不能租用或借用。各类型产品具有的配套生产设备明细见附录B。

b) 设备使用正常，设备上的仪器仪表具有合格的检定或校准证书，并在有效期内。建立设备管理档案（包括使用说明、台账、保养维护记录等），其维修保养等记录规范、详实，具有可追溯性。

5.4 生产、技术、质量管理人员

查阅人力资源部门管理文件（如人员社保信息、劳动合同、人员花名册等），包括生产、技术、质量管理等人员数量，结合现场实际情况，观察现场人员的操作水平。

a) 具有满足生产需要的元器件检验、产品检验、关键工艺控制和过程检验的专职工作人员，含中高级职称的技术人员，不得借用其他公司的。一线生产人员经培训上岗，操作熟练。

b) 具有质量管理组织机构、质量管理部门及人员，质检人员持质检员培训证书上岗。

6 试验检测能力

6.1 试验场所

查看试验场所现场情况。

具有与核实产品相配套的独立试验场所，与生产场所相对隔离，有明显警示标志，试验场所的面积及环境满足试验要求。

6.2 试验检测管理

查阅相关的规章制度文件、过程记录及出厂试验报告等相关信息。

a) 具有试验检测管理制度、操作规程、试验标准，并在操作过程中严格按照规程执行。

b) 出厂试验报告记录完整、正确，存档管理。

6.3 试验检测设备

查阅设备的现场实际情况及采购合同、购买发票等相关信息。

a) 具有满足全部出厂试验项目的设备（详见附录C），不能租用、借用其他公司的设备或委托其他单位进行出厂试验。

b) 设备使用正常，具有检定或校准报告，并在合格有效期内。建立设备管理档案（包括使用说明、台账、保养维护记录等），其维修保养等记录规范、详实，具有可追溯性。强制检定计量仪器、设备具有相应资格单位出具的有效检定、校准证书。

6.4 试验检测人员

查阅人力资源部门管理文件（如人员社保信息、劳动合同、人员花名册等）、人员资质证书及培训记录。

试验人员能独立完成入厂、过程及出厂检验，操作熟练，能理解或掌握相关国家标准、电力行业标准、国家电网有限公司企业标准和物资采购标准的有关规定。

6.5 ※现场抽样

原则上现场应对与被核实产品相同或相近型式的产品进行抽样检验。样品应在供应商声明的合格产品中抽取，抽样检验项目一般在出厂试验项目中选取。抽样检验重点核实供应商试验方法、试验场地环境、人员操作能力、仪器设备有效性和产品性能等方面。

a) 现场抽查至少两台产品的出厂试验报告，报告规范完整、项目齐全，检测结果满足相关标准要求，出厂试验项目见附录 D。

b) 在已具备出厂条件的产品中抽取两台产品，选取出厂试验项目中的项目，依据现行国家标准、行业标准、国家电网有限公司企业标准和物资采购标准进行试验。核实试验方法、试验场地环境、人员操作能力、仪器设备有效性和产品性能。

7 原材料/组部件管理

7.1 管理规章制度

查阅原材料/组部件管理规章制度。

a) 具有严格的原材料及外购件管理制度。

b) 具有原材料供应商的评价制度。

c) 具有原材料进厂检验制度，并严格执行。

7.2 管理控制情况

查看原材料/组部件管理实际执行情况。

a) 按工艺文件所规定的技术要求和相应管理文件，根据生产计划采购。主要原材料/组部件供应商变更有相应的报告并在相关工艺文件中说明。

b) 按规定进行进厂检验，验收合格后入库。可以采用抽检或普检的检验方式进行，包括配套件的出厂检验单及入厂的验收报告，复验记录完整、准确，具有可追溯性。

c) 分类独立存放，物资仓库有足够的存储空间和适宜的环境，实行定置管理，标识清晰、正确、规范、合理。

d) 原材料/组部件使用现场记录内容规范、详实，具有可追溯性。

7.3 ※现场抽查

a) 查验原材料/组部件管理规程、设计图纸、采购合同等相关信息。

b) 现场随机抽查 3 种关键的原材料/组部件（如防火闭门装置、防火锁、防火顺序器等），查看关键原材料/组部件的采购合同、供应商资质文件、入厂检测记录等是否齐全，并查看关键原材料/组部件的存放环境。

8 数智制造

应用互联网和物联网技术，打造"透明工厂"，生产制造、试验检验、原材料/组部件管理等信息对买方公开，接入国家电网电工装备智慧物联平台。

加强数字基础设施建设，推动数字技术与先进制造技术融合发展。供应商相关业务数据、原材料/组部件检验数据、生产过程检验数据、出厂试验数据、成品信息数据和视频数据等支持自动采集或系统推送。数据接口需保障数据完整性、正确性、安全性，具有可扩展性、通信实时性等。

9 绿色发展

查看供应商资源能源消耗情况、战略体系、绿色认证及其他支撑材料，包括：

a) 相关油、水、气、煤及电力、热力等能源消耗，建立能源利用统计报表制度，分析生产经营环节能源利用情况。
b) 相关绿色工厂认证、绿色产品标识、绿色供应链管理等相关资质文件。
c) 将绿色发展理念融入战略体系中，并形成明确的绿色发展目标，制定详实且具有操作性的实施路径。
d) 建立、实施并保持支撑企业绿色低碳发展的绿色管理体系情况，包括但不限于能源管理体系、碳排放管理体系、能源计量管理体系等。
e) 使用无害原材料，禁止使用国家明令禁止的淘汰设备、工艺技术等，并应用国家鼓励的节能设备与先进工艺技术情况。
f) 建立完善的绿色采购管理制度，推广绿色包装材料应用，并建立系统的循环利用体系，实施绿色制造情况。
g) 生产环节的大气污染物排放、水体污染物排放、固体废弃物排放、噪声排放等基础排放符合相关国家标准及地方标准要求情况。

10 售后服务及产能

查阅管理文件、组织机构设置、人员档案及售后服务记录等相关信息。

产能情况通过现场实际情况及供应商提供的产能计算报告，根据产品生产的瓶颈进行判断。

本文件中所有核实内容都将对供应商参与招投标活动有重要影响，其中标记"※"的内容是以往招标必备项的要求，也是重点核实内容，其他未标记"※"的为一般核实内容。

附 录 A
试 验 项 目

试验项目包括:

a) 耐火性能。
b) 填充材料检验其燃烧性能和产烟毒性危险分级。
c) 木材检验难燃性(适用于木质防火门、钢木质防火门)。
d) 人造板检验难燃性(适用于木质防火门、钢木质防火门)。
e) 钢材料检验材质性能和厚度(适用于钢质防火门、钢木质防火门)。
f) 其他材质材料检验难燃性、检验产烟毒性危险分级(适用于其他材质防火门)。
g) 粘结剂定检验产烟毒性危险分级。
h) 防火密封件检验性能。
i) 门扇质量不应小于门扇的设计质量。
j) 可靠性。
k) 防火玻璃检验耐火性能和耐热性能(适用于其他材质防火门)。
l) 启闭灵活性。
m) 门扇扭曲度检验。
n) 门扇宽度方向弯曲度检验。
o) 门扇高度方向弯曲度检验。

附 录 B
生 产 设 备

生产设备包括：
a） 阻燃处理设备。
b） 打孔机。
c） 压机。

附 录 C
试 验 设 备

试验设备包括：
a) 抗折力试验机。
b) 拉力试验机。
c) 抗弯强度试验机。
d) 高温性能试验机。
e) 耐用性能试验机。

附 录 D
出 厂 试 验 项 目

出厂试验项目包括：
a) 外观与结构、尺寸检查。
b) 所用木材、人造板含水率检查（适用于木质防火门、钢木质防火门）。
c) 所用钢质材料厚度（适用于钢质防火门、钢木质防火门）。
d) 门扇、门框形位公差。

消防系统供应商资质能力信息核实规范

目　次

1 范围 …………………………………………………………………………………… 104
2 规范性引用文件 ……………………………………………………………………… 104
3 资质信息 ……………………………………………………………………………… 105
　3.1 企业信息 ………………………………………………………………………… 105
　3.2 报告证书 ………………………………………………………………………… 106
　3.3 产品业绩 ………………………………………………………………………… 106
4 设计研发能力 ………………………………………………………………………… 107
　4.1 技术来源与支持 ………………………………………………………………… 107
　4.2 设计研发内容 …………………………………………………………………… 107
　4.3 设计研发人员 …………………………………………………………………… 107
　4.4 设计研发工具 …………………………………………………………………… 107
　4.5 软件管理能力 …………………………………………………………………… 107
　4.6 获得专利情况 …………………………………………………………………… 107
　4.7 参与标准制（修）订情况 ……………………………………………………… 107
　4.8 产品获奖情况 …………………………………………………………………… 107
　4.9 参与的重大项目 ………………………………………………………………… 107
　4.10 商业信誉 ………………………………………………………………………… 107
5 生产制造能力 ………………………………………………………………………… 107
　5.1 生产厂房 ………………………………………………………………………… 107
　5.2 生产工艺 ………………………………………………………………………… 108
　5.3 生产设备 ………………………………………………………………………… 108
　5.4 生产、技术、质量管理人员 …………………………………………………… 108
　5.5 施工专业人员 …………………………………………………………………… 108
6 试验检测能力 ………………………………………………………………………… 108
　6.1 试验场所 ………………………………………………………………………… 108
　6.2 试验检测管理 …………………………………………………………………… 108
　6.3 试验检测设备 …………………………………………………………………… 109
　6.4 试验检测人员 …………………………………………………………………… 109
　6.5 现场抽样 ………………………………………………………………………… 109
7 原材料/组部件管理 …………………………………………………………………… 109
　7.1 管理规章制度 …………………………………………………………………… 109

7.2	管理控制情况	109
7.3	现场抽查	110
8	数智制造	110
9	绿色发展	110
10	售后服务及产能	111
附录A	试验项目	112
附录B	生产设备	115
附录C	试验设备	116
附录D	出厂试验项目	117

消防系统供应商资质能力信息核实规范

1 范围

本文件是国家电网有限公司对消防系统产品供应商的资质条件及制造能力信息进行核实工作的依据。

本文件适用于国家电网有限公司消防系统产品供应商的信息核实工作。包括：

a) 火灾报警控制器。
b) 点型火灾探测器。
c) 线型火灾探测器。
d) 消防集中监控及自动化系统。
e) 气体灭火系统。
f) 干粉灭火装置。
g) 自动喷水系统。

2 规范性引用文件

下列文件中的内容通过文中的规范性引用而构成本文件必不可少的条款。其中，注日期的引用文件，仅该日期对应的版本适用于本文件；不注日期的引用文件，其最新版本（包括所有的修改单）适用于本文件。

GB/T 2423.10 环境试验 第2部分：试验方法 试验Fc：振动（正弦）

GB 4715 点型感烟火灾探测器

GB 4716 点型感温火灾探测器

GB 4717 火灾报警控制器

GB/T 4798.3 电工电子产品应用环境条件 第3部分：有气候防护场所固定使用

GB/T 4798.4 电工电子产品应用环境条件 第4部分：无气候防护场所固定使用

GB 5135.1 自动喷水灭火系统 第1部分：洒水喷头

GB 5135.5 自动喷水灭火系统 第5部分：雨淋报警阀

GB 5135.10 自动喷水灭火系统 第10部分：压力开关

GB/T 9969 工业产品使用说明书总则

GB 12322 通用性应用电视设备可靠性试验方法

GB 12978 消防电子产品检验规则

GB/T 13729 远动终端设备

GB 14003 线型光束感烟火灾探测器

GB/T 15153.1　远动设备及系统　第2部分：工作条件　第1篇：电源和电磁兼容性
GB 16280　线型感温火灾探测器
GB 16670　柜式气体灭火装置
GB 16668　干粉灭火系统及部件通用技术条件
GB 16806　消防联动控制系统　消防规范
GB/T 16838　消防电子产品环境试验方法及严酷等级
GB/T 17626.2　电磁兼容　试验和测量技术　静电放电抗扰度试验
GB/T 17626.3　电磁兼容　试验和测量技术　射频电磁场辐射抗扰度试验
GB/T 17626.4　电磁兼容试验和测量技术电快速瞬变脉冲群抗扰度试验
GB 19880　手动火灾报警按钮
GB 20517　独立式感烟火灾探测报警器
GB 23757　消防电子产品防护要求
GB 25972　气体灭火系统及部件
GB 30122　独立式感温火灾探测报警器
GB 50016　建筑设计防火规范
GB 50084　自动喷水灭火系统设计规范
GB 50116　火灾自动报警系统设计规范
GB 50166　火灾自动报警系统施工及验收标准
GB 50229　火力发电厂与变电站设计防火规范
GB 50347　干粉灭火系统设计规范
GB 50370　气体灭火系统设计规范
DL 5027　电力设备典型消防规程
DL/T 860　变电站通信网络和系统
DL/T 1241　电力工业以太网交换机技术规范
Q/GDW 10429　智能变电站网络交换机技术规范
Q/GDW 11202.4　智能变电站自动化设备检测规范　第4部分：工业以太网交换机

3 资质信息

3.1 企业信息

3.1.1 ※基本信息

查阅营业执照。

供应商为中华人民共和国境内依法注册的法人或其他组织。

3.1.2 法定代表人/负责人信息

查阅法定代表人/负责人身份证（或护照）。

3.1.3 财务信息

查阅审计报告、财务报表，其中审计报告为具有资质的第三方机构出具。

3.1.4 资信等级证明

查阅银行或专业评估机构出具的证明。

3.1.5 注册资本和股本结构

查阅验资报告。

3.2 报告证书

3.2.1 ※检测报告

查阅型式试验报告、送样样品生产过程记录及其他支撑资料。

a) 型式试验报告出具机构为国家授权的专业检测机构[具有计量认证合格证书（CMA）及中国合格评定委员会颁发的 CNAS 实验室认可证书]。各类试验报告均系针对具体型式规格产品的试验报告。

b) 型式试验报告的委托方和产品制造方是供应商自身。

c) 型式试验报告符合相应的国家标准、行业标准规定的试验项目和试验数值的要求，试验报告项目详见附录 A。

d) 相同型号的产品，当产品在设计、工艺、生产条件或所使用的材料、主要元部件做重要改变时，或者产品转厂生产或异地生产时，应重新进行相应的型式试验。

e) 国家标准、行业标准规定的型式试验报告有效期有差异的，以有效期短的为准；国家标准、行业标准均未明确型式试验报告有效期的，型式试验报告有效期按长期有效认定。

f) 外购的核心组部件应提供国家授权的专业检测机构出具的检测报告。

g) 外文报告提供经公证的中文译本。

3.2.2 ※质量管理体系

具有健全的质量管理体系且运行情况良好，查阅管理体系认证书或其他证明材料。

3.2.3 安全认证

依法实行强制性产品认证（CCCF 认证）的消防产品（如火灾报警控制器、火灾探测器等），应由具有法定资质的认证机构按照国家标准、行业标准的强制性要求认证合格，且产品名称、型号、规格应与检验报告一致；其他消防产品（如干粉灭火设备产品、气体灭火设备产品等）应通过对应国家标准、行业标准的第三方型式试验并出具相应检测报告，宜取得自愿性认证（即 CQC 认证），且产品名称、型号、规格应与检验报告一致。

3.2.4 资质证书

若供应商为消防设备集成商，则供应商应具备消防设施工程专业承包资质证书。

3.3 产品业绩

查阅供货合同及相对应的销售发票。

a) 合同的供货方和实际产品的生产方均为供应商自身。

b) 出口产品业绩提供报关单。

c) 不予统计的业绩有（不限于此）：

1) 同类产品制造厂之间的业绩。
2) 出口业绩的外贸合同、发票、报关单及对应产品型号等信息资料难以核实或不全的。
3) 作为元器件、组部件的业绩。
4) 供应商与代理商之间的供货业绩。
5) 在试验室或试验站的业绩。

4 设计研发能力

4.1 技术来源与支持
查阅自主研发资料、与合作支持方的协议及设计文件图纸等相关信息。

4.2 设计研发内容
查阅产品研发的设计、试验、关键工艺技术、质量控制方面的情况。

4.3 设计研发人员
查阅设计研发部门的机构设置及人员信息。

4.4 设计研发工具
查阅实际研发设计工具等相关信息。

4.5 软件管理能力
查阅供应商提供的软件版本规章制度文件、软件版本迭代过程记录。

4.6 获得专利情况
查阅与产品相关的已获授权专利证书。

4.7 参与标准制（修）订情况
查阅主持或参与制（修）订并已发布的标准及相关证明材料信息。

4.8 产品获奖情况
查阅与产品相关的省部级及以上获奖证书的相关信息。

4.9 参与的重大项目
查阅有关证明供应商参与重大项目的资料信息。

4.10 商业信誉
查阅企业相关国家、行业或第三方发布的综合实力、品牌等排名。

5 生产制造能力

5.1 生产厂房
查阅不动产权证书、土地使用权证、房屋产权证、厂房设计图纸、用电客户编号等相关信息。

具有与产品生产相配套的厂房，厂房若为租用则提供长期租用合同及相应证明文件等。其厂房面积、生产环境和工艺布局满足生产需要。从原材料/组部件存放、生产装配、检验到产品入库的每道工序场地合理布局满足工艺文件规定，能保证被核实产品的生产。

5.2 生产工艺

查阅工艺控制文件、管理文件及工艺流程控制记录等相关信息。

工艺控制文件、管理文件及工艺流程控制记录等符合相应的国家标准、行业标准要求。

5.2.1 工艺控制文件

主要生产工艺和工序控制点（组装、调试、检验等）的工艺文件，依据的技术标准正确，各工序控制参数满足相应的标准、工艺要求。作业指导书齐全且具有可操作性。工艺管理制度健全。各工艺环节中无国家明令禁止的行为。

5.2.2 关键生产工艺控制

产品工艺技术成熟、稳定，现场可见被核实产品或同类产品生产过程。从原材料/组部件到产品入库所规定的每道工序的工艺技术能保证产品生产的需要。生产产品的各个工序按工艺文件执行，现场记录内容规范、详实，具有可追溯性。现场定置管理，有明显的标识牌，主要的生产设备的操作规程图表上墙。

5.3 生产设备

查阅设备的现场实际情况、采购合同及购买发票等相关信息。

a） 具有与产品生产相适应的设备，设备自有，不能租用或借用。各类型产品具有的配套生产设备明细见附录B。

b） 设备使用正常，设备上的仪器仪表具有合格的检定或校准证书，并在有效期内。建立设备管理档案（包括使用说明、台账、保养维护记录等），其维修保养等记录规范详实，具有可追溯性。

5.4 生产、技术、质量管理人员

查阅人力资源部门管理文件（如人员社保信息、劳动合同、人员花名册等），包括生产、技术、质量管理等人员数量，结合现场实际情况，观察现场人员的操作水平。

a） 具有满足生产需要的元器件检验、产品检验、关键工艺控制和过程检验的专职工作人员，含中高级职称的技术人员，不得借用其他公司的。一线生产人员经培训上岗，操作熟练。

b） 具有质量管理组织机构、质量管理部门及人员，质检人员持质检员培训证书上岗。

5.5 施工专业人员

若供应商为消防设备集成商，则供应商应有施工员、质量员、安全员、材料员、资料员等取得相应证书的施工专业人员。

6 试验检测能力

6.1 试验场所

查看试验场所现场情况。

具有与核实产品相配套的试验场所，试验场所的面积及环境满足试验要求。

6.2 试验检测管理

查阅相关的规章制度文件、过程记录及出厂试验报告等相关信息。

a) 具有试验检测管理制度、操作规程、试验标准,并在操作过程中严格按照规程执行。
b) 出厂试验报告记录完整、正确,存档管理。

6.3 试验检测设备

查阅设备的现场实际情况及采购合同、购买发票等相关信息。

a) 具有满足全部出厂试验项目的设备(详见附录C),不能租用、借用其他公司的设备或委托其他单位进行出厂试验。
b) 设备使用正常,具有检定或校准报告,并在合格有效期内。建立设备管理档案(包括使用说明、台账、保养维护记录等),其维修保养等记录规范、详实,具有可追溯性。强制检定计量仪器、设备具有相应资格单位出具的有效检定、校准证书。

6.4 试验检测人员

查阅人力资源部门管理文件(如人员社保信息、劳动合同、人员花名册等)、人员资质证书及培训记录。

试验人员能独立完成入厂、过程及出厂检验,操作熟练,能理解或掌握相关国家标准、电力行业标准、国家电网有限公司企业标准和物资采购标准的有关规定。

6.5 现场抽样

原则上现场应对与被核实产品相同或相近型式的产品进行抽样检验。样品应在供应商声明的合格产品中抽取,抽样检验项目一般在出厂试验项目中选取。抽样检验重点核实供应商试验方法、试验场地环境、人员操作能力、仪器设备有效性和产品性能等方面。

a) 现场抽查至少两台产品的出厂试验报告,报告规范完整、项目齐全,检测结果满足相关标准要求,出厂试验项目见附录D。
b) 供应商为集成商时,则应提供所采购产品设备制造商的出厂试验报告,出厂试验项目见附录D。

7 原材料/组部件管理

7.1 管理规章制度

查阅原材料/组部件管理规章制度。

a) 具有严格的原材料及外购件管理制度。
b) 具有原材料供应商的评价制度。
c) 具有原材料进厂检验制度,并严格执行。

7.2 管理控制情况

查看原材料/组部件管理实际执行情况。

a) 按工艺文件所规定的技术要求和相应管理文件,根据生产计划采购。主要原材料/组部件供应商变更有相应的报告并在相关工艺文件中说明。

b) 按规定进行进厂检验，验收合格后入库。可以采用抽检或普检的检验方式进行，包括配套件的出厂检验单及入厂的验收报告，复验记录完整、准确，具有可追溯性。
c) 分类独立存放，物资仓库有足够的存储空间和适宜的环境，实行定置管理，标识清晰、正确、规范、合理。
d) 原材料/组部件使用现场记录内容规范、详实，具有可追溯性。

7.3 现场抽查

a) 查验原材料/组部件管理规程、设计图纸、采购合同等相关信息。
b) 现场随机抽查3种关键的原材料/组部件，查看关键原材料/组部件的采购合同、供应商资质文件、入厂检测记录等是否齐全，并查看关键原材料组部件的存放环境。
c) 供应商为集成商时，则查看所采购关键产品的采购合同、供应商资质文件、入厂检测记录等是否齐全。

8 数智制造

应用互联网和物联网技术，打造"透明工厂"，生产制造、试验检验、原材料/组部件管理等信息对买方公开，接入国家电网电工装备智慧物联平台。

加强数字基础设施建设，推动数字技术与先进制造技术融合发展。供应商相关业务数据、原材料/组部件检验数据、生产过程检验数据、出厂试验数据、成品信息数据和视频数据等支持自动采集或系统推送。数据接口需保障数据完整性、正确性、安全性，具有可扩展性、通信实时性等。

9 绿色发展

查看供应商资源能源消耗情况、战略体系、绿色认证及其他支撑材料，包括：

a) 相关油、水、气、煤及电力、热力等能源消耗，建立能源利用统计报表制度，分析生产经营环节能源利用情况。
b) 相关绿色工厂认证、绿色产品标识、绿色供应链管理等相关资质文件。
c) 将绿色发展理念融入战略体系中，并形成明确的绿色发展目标，制定详实且具有操作性的实施路径。
d) 建立、实施并保持支撑企业绿色低碳发展的绿色管理体系情况，包括但不限于能源管理体系、碳排放管理体系、能源计量管理体系等。
e) 使用无害原材料，禁止使用国家明令禁止的淘汰设备、工艺技术等，并应用国家鼓励的节能设备与先进工艺技术情况。
f) 建立完善的绿色采购管理制度，推广绿色包装材料应用，并建立系统的循环利用体系，实施绿色制造情况。
g) 生产环节的大气污染物排放、水体污染物排放、固体废弃物排放、噪声排放等基础排放符合相关国家标准及地方标准要求情况。

10 售后服务及产能

查阅管理文件、组织机构设置、人员档案及售后服务记录等相关信息。

产能情况通过现场实际情况及供应商提供的产能计算报告，根据产品生产的瓶颈进行判断。

本文件中所有核实内容都将对供应商参与招投标活动有重要影响，其中标记"※"的内容是以往招标必备项的要求，也是重点核实内容，其他未标记"※"的为一般核实内容。

附 录 A
试 验 项 目

A.1 火灾报警控制器型式试验报告包含试验项目

a) 外观及主要部件检查。
b) 功能试验（火灾报警功能、火灾报警控制功能、故障报警、自检、电源、信息显示和查询等）。
c) 电气试验（绝缘电阻、泄漏电流、电气强度等）。
d) 抗扰度试验［射频电磁场辐射、射频场感应的传导骚扰、静电放电、电快速瞬变脉冲群、浪涌（冲击）、电源瞬变、电压暂降、短时中断和电压变化等］。
e) 环境适应性试验［低温（运行）试验、恒定湿热（运行）试验、恒定湿热（耐久）试验、振动（正弦）（运行）试验、振动（正弦）（耐久）试验、碰撞试验、冲击试验、雨淋试验、高温（运行）试验、交变湿热（运行）试验、SO_2 腐蚀（耐久）试验等］。

A.2 点型火灾探测器型式试验报告包含试验项目

a) 感烟探测器主要性能试验（重复性、一致性、方位试验、气流、环境光线、火灾灵敏度等）。
b) 感温探测器主要性能试验［方位、动作温度、响应时间、25℃起始响应时间、高温响应时间、电源参数波动、环境试验前响应时间、交变湿热（运行）试验等］。
c) 抗扰度试验［射频电磁场辐射、射频场感应的传导骚扰、静电放电、电快速瞬变脉冲群、浪涌（冲击）等］。
d) 环境适应性试验［高温（运行）试验、低温试验、恒定湿热（运行）试验、恒定湿热（耐久）试验、腐蚀试验、冲击试验、碰撞试验、振动（正弦）（运行）试验、振动（正弦）（耐久）试验、雨淋试验、交变湿热（运行）试验等］。

A.3 线型火灾探测器型式试验报告包含试验项目

a) 感烟探测器主要性能试验［一致性、热干扰、重复性、遮挡快速变化、光路长度相依性、光路定向相依性、振动（正弦）（耐久）、碰撞、环境光线干扰］。
b) 感温探测器主要性能试验［基本功能、电源性能、定温报警动作、响应时间及一致性、抗拉、冷弯、交变湿热（运行）、绝缘电阻、电气强度等］。
c) 抗扰度试验［射频电磁场辐射、射频场感应的传导骚扰、静电放电、电快速瞬变脉冲群、浪涌（冲击）等］。
d) 环境适应性试验［低温（高温）试验、恒定湿热（运行）试验、恒定湿热（耐久）试验、腐蚀试验等]。

A.4 消防集中监控或消防自动化系统试验报告包含试验项目

a) 外观及结构检查。
b) 采控装置（静电放电、快速瞬变脉冲群、阻尼振荡波、辐射电磁场、浪涌、电压突降和中断、工频磁场、阻尼振荡磁场等）。
c) 网络交换机（外观及接口检测、功能检测、性能检测、功率检测、电源影响检测、环境温度检测、绝缘性能检测、湿热检测、机械性能检测、电磁兼容检测、DL/T 860 检测等）。

A.5 气体灭火装置型式试验报告包含试验项目

a) 外观及结构检查。
b) 装置主要功能检查（主要参数、启动方式、绝缘要求、抗振性能、联动性能、灭火要求）。
c) 灭火剂瓶组（工作压力、密封要求、温度循环泄漏要求、灭火剂和充压气体要求等）。
d) 容器（强度要求、密封要求、超压要求等）。
e) 容器阀（工作压力、密封要求、工作可靠性要求、耐腐蚀性能等）。
f) 安全泄放部件（泄放动作压力、耐腐蚀性能、耐温度循环性能等）。
g) 称重部件（过载要求、耐腐蚀性能等）。
h) 压力显示器（基本性能、抗振性能、温度循环泄漏要求、耐腐蚀性能、耐交变负荷性能、报警功能等）。
i) 液位测量部件（耐高低温性能）。
j) 信号反馈部件（动作要求、强度要求、耐电压性能、绝缘要求、耐腐蚀性能等）。
k) 减压部件（工作压力、密封要求等）。

A.6 干粉灭火装置型式试验报告包含试验项目

a) 外观及结构检查（外观质量、系统铭牌）。
b) 装置主要功能检查（组合分配系统动作程序、灭火剂要求、全淹没灭火系统有效喷射时间、干粉剩余率、A/B 类火全淹没灭火性能、A/B 类火局部应用灭火性能等）。
c) 干粉储存容器（强度要求、超压要求、密封要求、抗振性能、塑料和橡胶件的热稳定性、充装量等）。
d) 粉储存容器出口释放装置（释放膜片动作要求、释放膜片密封要求、释放膜片密封要求、耐盐雾腐蚀性能、释放阀工作压力、释放阀密封要求、释放阀强度要求、释放阀工作可靠性要求、释放阀耐盐雾腐蚀性能等）。
e) 储气瓶组（充装介质要求、密封要求、抗振性能、温度循环泄漏要求等）。

f) 容器阀、单向阀(工作压力、强度要求、超压要求、密封要求、工作可靠性要求、耐盐雾腐蚀性能、手动操作要求等)。

g) 连接管(工作压力、强度要求、超压要求、密封要求等)。

h) 安全防护装置(安全阀工作压力、安全阀整定压力、安全阀强度要求、安全阀密封要求、安全阀耐盐雾腐蚀性能、安全泄放装置动作压力、安全泄放装置密封要求、安全泄放装置耐盐雾腐蚀性能等)。

A.7 自动喷水系统型式试验报告包含试验项目

a) 外观及结构检查。

b) 洒水喷头(水压密封和耐水压强度性能、流量系数、布水性能、溅水盘上下的喷水量、静态动作温度、功能、抗水冲击性能、工作载荷和框架强度、热敏感元件强度、溅水盘强度、疲劳强度、热稳定性、抗振动性能、抗机械冲击性能、抗碰撞性能、抗翻滚性能、冷冻性能、耐高温性能、动态热性能、耐腐蚀性能等)。

c) 雨淋报警阀(额定工作压力、材料耐腐蚀性能、间隙、阀体强度、渗漏和变形、水力摩阻、功能、防复位、耐火性能等)。

d) 水流指示器(灵敏度、工作循环、延时功能、抗外力冲击性能、耐水冲击性能、水力摩阻损失、过载性能、耐水压性能、机械强度、耐电压能力、绝缘电阻、耐腐蚀性能等)。

e) 压力开关(额定工作压力、动作压力、强度要求、工作可靠性要求、湿热要求、耐盐雾腐蚀要求、耐 SO_2 腐蚀要求、振动要求、碰撞要求、绝缘要求、耐电压要求、触点接触电阻、触点数量、连接方式等)。

附 录 B
生 产 设 备

生产设备包括：
a) 总装流水线或装配流水线。
b) 电焊机。
c) 贴片机。
d) 波峰焊。
e) 多轴自动锁螺钉机。
f) 充装机。

附 录 C
试 验 设 备

试验设备包括：

a) 绝缘电阻表（火灾报警系统、火灾探测器）。
b) 高低温试验箱（火灾报警系统、火灾探测器）。
c) 气密性压力试验机（气体灭火系统）。
d) 可靠性试验装置（气体灭火系统、干粉灭火装置、自动喷水系统）。
e) 绝缘电阻表。

附 录 D
出 厂 试 验 项 目

D.1 火灾报警控制器出厂试验项目

    a) 主要部（器）件检查。
    b) 火灾报警控制器功能试验（火灾报警、火灾报警控制、屏蔽、监管、自检等）。
    c) 绝缘电阻试验。
    d) 泄漏电流试验。

D.2 点型火灾探测器出厂试验项目

    a) 一致性试验（感烟）。
    b) 重复性试验（感烟）。
    c) 恒定湿热（运行）试验（感烟）。
    d) 电压波动试验（感烟）。
    e) 响应时间试验（感温）。
    f) 高温响应试验（感温）。
    g) 电源参数波动试验（感温）。
    h) 碰撞试验。
    i) 低温（运行）试验。

D.3 线型火灾探测器出厂试验项目

    a) 一致性试验（感烟）。
    b) 重复性试验（感烟）。
    c) 高温试验（感烟）。
    d) 光路长度相依性试验（感烟）。
    e) 动作温度试验（感温）。
    f) 不动作温度试验（感温）。
    g) 响应时间及一致性试验（感温）。
    h) 抗拉试验（感温）。

D.4 消防集中监控或消防自动化系统试验报告出厂试验项目

    a) 外观与结构检查。
    b) 功能试验。

D.5 气体灭火装置出厂试验项目

a) 外观及结构检查。
b) 工作压力。
c) 强度要求。
d) 密封要求。
e) 报警功能。
f) 动作要求。

D.6 干粉灭火装置出厂试验项目

a) 外观及结构检查(外观质量、系统铭牌)。
b) 装置主要功能检查(灭火剂要求、全淹没灭火系统有效喷射时间、干粉剩余率等)。
c) 主要组部件基本性能检查(工作压力、密封要求、强度要求等)。

D.7 自动喷水系统出厂试验项目

a) 洒水喷头(水压密封等)。
b) 水流指示器(灵敏度、延时功能、耐水压性能等)。
c) 压力开关(额定工作压力、动作压力、强度要求、绝缘要求、耐电压要求、触点接触电阻等)。
d) 雨淋报警阀(外观及结构、水力摩阻等)。

智能锁具管理系统供应商资质能力信息核实规范

目　次

1 范围 ·· 122
2 规范性引用文件 ·· 122
3 资质信息 ··· 123
　3.1 企业信息 ··· 123
　3.2 报告证书 ··· 123
　3.3 产品业绩 ··· 123
4 设计研发能力 ··· 124
　4.1 技术来源与支持 ·· 124
　4.2 设计研发内容 ··· 124
　4.3 设计研发人员 ··· 124
　4.4 设计研发工具 ··· 124
　4.5 软件管理能力 ··· 124
　4.6 获得专利情况 ··· 124
　4.7 参与标准制（修）订情况 ··· 124
　4.8 产品获奖情况 ··· 124
　4.9 参与的重大项目 ·· 124
　4.10 商业信誉 ··· 124
5 生产制造能力 ··· 124
　5.1 生产厂房 ··· 124
　5.2 生产工艺 ··· 125
　5.3 生产设备 ··· 125
　5.4 生产、技术、质量管理人员 ··· 125
6 试验检测能力 ··· 125
　6.1 试验场所 ··· 125
　6.2 试验检测管理 ··· 125
　6.3 试验检测设备 ··· 126
　6.4 试验检测人员 ··· 126
　6.5 现场抽样 ··· 126
7 原材料/组部件管理 ·· 126
　7.1 管理规章制度 ··· 126
　7.2 管理控制情况 ··· 126

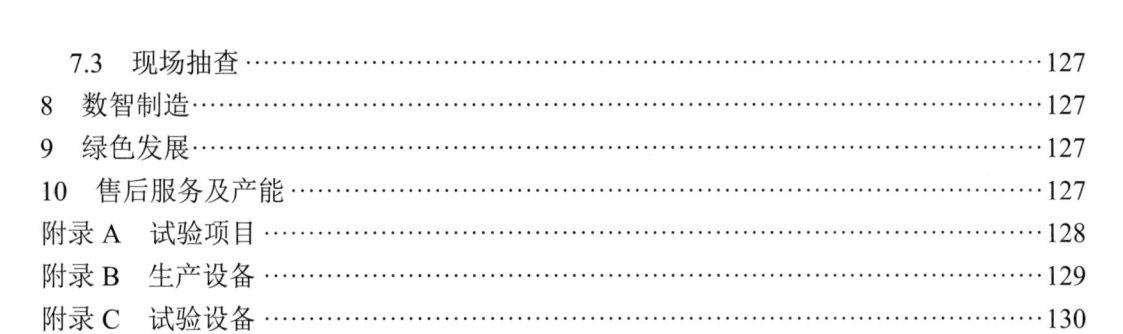

7.3	现场抽查	127
8	数智制造	127
9	绿色发展	127
10	售后服务及产能	127
附录 A	试验项目	128
附录 B	生产设备	129
附录 C	试验设备	130
附录 D	出厂试验项目	131

智能锁具管理系统供应商资质能力信息核实规范

1 范围

本文件是国家电网有限公司对智能锁具管理系统产品供应商的资质条件及制造能力信息进行核实工作的依据。

本文件适用于国家电网有限公司智能锁具管理系统产品供应商的信息核实工作。

2 规范性引用文件

下列文件中的内容通过文中的规范性引用而构成本文件必不可少的条款。其中，注日期的引用文件，仅该日期对应的版本适用于本文件；不注日期的引用文件，其最新版本（包括所有的修改单）适用于本文件。

GB/T 2423.1　电工电子产品环境试验　第 2 部分：试验方法　试验 A：低温

GB/T 2423.2　电工电子产品环境试验　第 2 部分：试验方法　试验 B：高温

GB/T 2423.4　电工电子产品环境试验　第 2 部分：试验方法　试验 Db 交变湿热（12h＋12h 循环）

GB/T 2887　电子计算机场地通用规范

GB/T 9813　微型计算机通用规范

GB/T 15532　计算机软件测试规范

GB/T 17626.2　电磁兼容　试验和测量技术　静电放电抗扰度试验

GB/T 17626.3　电磁兼容　试验和测量技术　射频电磁场辐射抗扰度试验

GB/T 17626.4　电磁兼容　试验和测量技术　电快速瞬变脉冲群抗扰度试验

GB/T 17626.5　电磁兼容　试验和测量技术　浪涌（冲击）抗扰度试验

GB/T 17626.8　电磁兼容　试验和测量技术　工频磁场抗扰度试验

GB/T 17626.10　电磁兼容　试验和测量技术　阻尼振荡磁场抗扰度试验

GB 21556　锁具安全通用技术条件

JG/T 394　建筑智能门锁通用技术要求

DL/T 1455—2015　电力系统控制类软件安全性及其测评技术要求

DL/T 2366—2021　电力智能物联安全锁具技术规范

Q/GDW 1875—2013　变电站一体化监控系统测试及验收规范

电力监控系统安全防护规定（发改委〔2014〕14 号）

印发电力监控系统安全防护总体方案等安全防护方案和评估规范的通知（国能安全〔2015〕36 号）

3 资质信息

3.1 企业信息

3.1.1 ※基本信息
查阅营业执照。
供应商为中华人民共和国境内依法注册的法人或其他组织。

3.1.2 法定代表人/负责人信息
查阅法定代表人/负责人身份证（或护照）。

3.1.3 财务信息
查阅审计报告、财务报表，其中审计报告为具有资质的第三方机构出具。

3.1.4 资信等级证明
查阅银行或专业评估机构出具的证明。

3.1.5 注册资本和股本结构
查阅验资报告。

3.2 报告证书

3.2.1 检测报告
查阅检测报告及其他支撑资料。

a) 检测报告出具机构为国家授权的专业检测机构［具有计量认证合格证书（CMA）及中国合格评定委员会颁发的 CNAS 实验室认可证书］。各类试验报告均系针对具体型式规格产品的试验报告。

b) 检测报告的委托方和产品制造方是供应商自身。若锁具模块为外购，则锁具模块专业检测报告的委托方和制造方为相应的锁具模块制造厂家的名称。

c) 检测报告符合相应的国家标准、行业标准规定的试验项目和试验数值的要求，检测报告项目详见附录 A。

d) 相同型号的产品，当产品在设计、工艺、生产条件或所使用的材料、主要元部件做重要改变时，或者产品转厂生产或异地生产时，应重新进行相应的型式试验。

e) 国家标准、行业标准规定的检测报告有效期有差异的，以有效期短的为准；国家标准、行业标准均未明确检测报告有效期的，检测报告有效期按长期有效认定。

f) 外文报告提供经公证的中文译本。

3.2.2 ※质量管理体系
具有健全的质量管理体系且运行情况良好，查阅管理体系认证书或其他证明材料。

3.3 产品业绩
查阅供货合同及相对应的销售发票。

a) 合同的供货方和实际产品的生产方均为供应商自身。

b) 出口产品业绩提供报关单。

c) 不予统计的业绩有（不限于此）：
  1) 同类产品制造厂之间的业绩。
  2) 出口业绩的外贸合同、发票、报关单及对应产品型号等信息资料难以核实或不全的。
  3) 作为元器件、组部件的业绩。
  4) 供应商与代理商之间的供货业绩。
  5) 在试验室或试验站的业绩。

4 设计研发能力

4.1 技术来源与支持
查阅自主研发资料、与合作支持方的协议及设计文件图纸等相关信息。

4.2 设计研发内容
查阅产品研发的设计、试验、关键工艺技术、质量控制方面的情况。

4.3 设计研发人员
查阅设计研发部门的机构设置及人员信息。

4.4 设计研发工具
查阅实际研发设计工具等相关信息。

4.5 软件管理能力
查阅供应商提供的软件版本规章制度文件、软件版本迭代过程记录。

4.6 获得专利情况
查阅与产品相关的已获授权专利证书。

4.7 参与标准制（修）订情况
查阅主持或参与制（修）订并已发布的标准及相关证明材料信息。

4.8 产品获奖情况
查阅与产品相关的省部级及以上获奖证书的相关信息。

4.9 参与的重大项目
查阅有关证明供应商参与重大项目的资料信息。

4.10 商业信誉
查阅企业相关国家、行业或第三方发布的综合实力、品牌等排名。

5 生产制造能力

5.1 生产厂房
查阅不动产权证书、土地使用权证、房屋产权证、厂房设计图纸、用电客户编号等相关信息。

具有与产品生产相配套的厂房，厂房若为租用则提供长期租用合同及相应证明文件等。其厂房面积、生产环境和工艺布局满足生产需要。从原材料/组部件存放、生产装配、检验到产品入库的每道工序场地合理布局满足工艺文件规定，能保证被核实产品的生产。

5.2 生产工艺

查阅工艺控制文件、管理文件及工艺流程控制记录等相关信息。

工艺控制文件、管理文件及工艺流程控制记录等符合相应的国家标准、行业标准要求。

5.2.1 工艺控制文件

主要生产工艺和工序控制点（焊接、组装、调试、检验等）的工艺文件，依据的技术标准正确，各工序控制参数满足相应的标准、工艺要求。作业指导书齐全且具有可操作性。工艺管理制度健全。各工艺环节中无国家明令禁止的行为。

5.2.2 关键生产工艺控制

产品工艺技术成熟、稳定，现场可见被核实产品或同类产品生产过程。从原材料/组部件到产品入库所规定的每道工序的工艺技术能保证产品生产的需要。生产产品的各个工序按工艺文件执行，现场记录内容规范、详实，具有可追溯性。现场定置管理，有明显的标识牌，主要生产设备的操作规程图表上墙。

5.3 生产设备

查阅设备的现场实际情况、采购合同及购买发票等相关信息。

a) 具有与产品生产相适应的设备，设备自有，不能租用或借用。各类型产品具有的配套生产设备明细见附录B。

b) 设备使用正常，设备上的仪器仪表具有合格的检定或校准证书，并在有效期内。建立设备管理档案（包括使用说明、台账、保养维护记录等），其维修保养等记录规范、详实，具有可追溯性。

5.4 生产、技术、质量管理人员

查阅人力资源部门管理文件（如人员社保信息、劳动合同、人员花名册等），包括生产、技术、质量管理等人员数量，结合现场实际情况，观察现场人员的操作水平。

a) 具有满足生产需要的元器件检验、产品检验、关键工艺控制和过程检验的专职工作人员，含中高级职称的技术人员，不得借用其他公司的。一线生产人员经培训上岗，操作熟练。

b) 具有质量管理组织机构、质量管理部门及人员，质检人员持质检员培训证书上岗。

6 试验检测能力

6.1 试验场所

查看试验场所现场情况。

具有与核实产品相配套的独立试验场所，与生产场所相对隔离，有明显警示标志，试验场所的面积及环境满足试验要求。

6.2 试验检测管理

查阅相关的规章制度文件、过程记录及出厂试验报告等相关信息。

a) 具有试验检测管理制度、操作规程、试验标准，并在操作过程中严格按照规程执行。

b) 出厂试验报告记录完整、正确，存档管理。

6.3 试验检测设备

查阅设备的现场实际情况及采购合同、购买发票等相关信息。

a) 具有满足全部出厂试验项目的设备（详见附录C），不能租用、借用其他公司的设备或委托其他单位进行出厂试验。

b) 设备使用正常，具有检定或校准报告，并在合格有效期内。建立设备管理档案（包括使用说明、台账、保养维护记录等），其维修保养等记录规范、详实，具有可追溯性。强制检定计量仪器、设备具有相应资格单位出具的有效检定、校准证书。

6.4 试验检测人员

查阅人力资源部门管理文件（如人员社保信息、劳动合同、人员花名册等）、人员资质证书及培训记录。

试验人员能独立完成入厂、过程及出厂检验，操作熟练，能理解或掌握相关国家标准、电力行业标准、国家电网有限公司企业标准和物资采购标准的有关规定。

6.5 现场抽样

原则上现场应对与被核实产品相同或相近型式的产品进行抽样检验。样品应在供应商声明的合格产品中抽取，抽样检验项目一般在出厂试验项目中选取。抽样检验重点核实供应商试验方法、试验场地环境、人员操作能力、仪器设备有效性和产品性能等方面。

a) 现场抽查至少两台产品的出厂试验报告，报告规范完整、项目齐全，检测结果满足相关标准要求，出厂试验项目见附录D。

b) 在已具备出厂条件的产品中抽取两台产品，选取出厂试验项目中的项目，依据现行国家标准、行业标准、国家电网有限公司企业标准和物资采购标准进行试验。核实试验方法、试验场地环境、人员操作能力、仪器设备有效性和产品性能。

7 原材料/组部件管理

7.1 管理规章制度

查阅原材料/组部件管理规章制度。

a) 具有严格的原材料及外购件管理制度。

b) 具有原材料供应商的评价制度。

c) 具有原材料进厂检验制度，并严格执行。

7.2 管理控制情况

查看原材料/组部件管理实际执行情况。

a) 按工艺文件所规定的技术要求和相应管理文件，根据生产计划采购。主要原材料/组部件供应商变更有相应的报告并在相关工艺文件中说明。

b) 按规定进行进厂检验，验收合格后入库。可以采用抽检或普检的检验方式进行，包括配套件的出厂检验单及入厂的验收报告，复验记录完整、准确，具有可追溯性。

c) 分类独立存放，物资仓库有足够的存储空间和适宜的环境，实行定置管理，标识清晰、正确、规范、合理。
d) 原材料/组部件使用现场记录内容规范、详实，具有可追溯性。

7.3 现场抽查

a) 查验原材料/组部件管理规程、设计图纸、采购合同等相关信息。
b) 现场随机抽查3种关键的原材料组部件（如锁具、电源模块、通信模块等），查看关键原材料/组部件的采购合同、供应商资质文件、入厂检测记录等是否齐全，并查看关键原材料/组部件的存放环境。

8 数智制造

基于新一代信息技术、数字技术和先进制造技术，贯穿于设计、生产、管理、服务等制造活动各个环节，具有自感知、自决策、自执行、自适应、自学习等特征，旨在提高制造业质量、效益和核心竞争力的先进生产方式。

9 绿色发展

查看供应商资源能源消耗情况、战略体系、绿色认证及其他支撑材料，包括：
a) 相关油、水、气、煤及电力、热力等能源消耗，建立能源利用统计报表制度，分析生产经营环节能源利用情况。
b) 相关绿色工厂认证、绿色产品标识、绿色供应链管理等相关资质文件。
c) 将绿色发展理念融入战略体系中，并形成明确的绿色发展目标，制定详实且具有操作性的实施路径。
d) 建立、实施并保持支撑企业绿色低碳发展的绿色管理体系情况，包括但不限于能源管理体系、碳排放管理体系、能源计量管理体系等。
e) 使用无害原材料，禁止使用国家明令禁止的淘汰设备、工艺技术等，并应用国家鼓励的节能设备与先进工艺技术情况。
f) 建立完善的绿色采购管理制度，推广绿色包装材料应用，并建立系统的循环利用体系，实施绿色制造情况。
g) 生产环节的大气污染物排放、水体污染物排放、固体废弃物排放、噪声排放等基础排放符合相关国家标准及地方标准要求情况。

10 售后服务及产能

查阅管理文件、组织机构设置、人员档案及售后服务记录等相关信息。
产能情况通过现场实际情况及供应商提供的产能计算报告，根据产品生产的瓶颈进行判断。

本文件中所有核实内容都将对供应商参与招投标活动有重要影响，其中标记"※"的内容是以往招标必备项的要求，也是重点核实内容，其他未标记"※"的为一般核实内容。

附 录 A
试 验 项 目

试验项目包括：
a) 外观和结构试验。
b) 电源适应性试验。
c) 锁体强度试验。
d) 电磁兼容试验［静电放电抗扰度、射频电磁场辐射抗扰度、电快速瞬变脉冲群抗扰度、浪涌（冲击）抗扰度、工频磁场抗扰度、阻尼振荡磁场抗扰度］。
e) 绝缘性能试验。
f) 锁体稳定性试验。
g) 环境适应性试验。
h) 基本功能和主要性能试验。

附 录 B
生 产 设 备

生产设备包括：
a) 线路板功能测试设备。
b) 总装流水线或装配流水线。
c) 老化设备。
d) 贴片机。
e) 波峰焊。
f) 三防涂敷设备。
g) 铭牌打印机。
h) 包装流水线。

附 录 C
试 验 设 备

试验设备包括：

a) 绝缘耐压仪。
b) 高低温箱。
c) 浪涌测试仪。
d) 电快速脉冲群测试仪。
e) 静电放电测试仪。

附 录 D
出 厂 试 验 项 目

出厂试验项目包括：
a) 外观与结构检查。
b) 绝缘性能试验。
c) 通信及功能试验。
d) 抗干扰试验。

办公计算机供应商
资质能力信息核实规范

目　次

1 范围 …………………………………………………………………………………… 134
2 资质信息 ……………………………………………………………………………… 134
　2.1 企业信息 ………………………………………………………………………… 134
　2.2 报告证书 ………………………………………………………………………… 134
　2.3 产品业绩 ………………………………………………………………………… 135

办公计算机供应商资质能力信息核实规范

1 范围

本文件规定了国家电网有限公司对办公计算机供应商的资质条件信息进行核实的依据。

本文件适用于国家电网有限公司办公计算机供应商的信息核实工作。包括：

a) 笔记本电脑。
b) 台式计算机。

2 资质信息

2.1 企业信息

2.1.1 ※基本信息

查阅企业营业执照。

供应商为中华人民共和国境内依法注册的法人或其他组织。

2.1.2 法定代表人/负责人信息

查阅供应商的法定代表人/负责人身份证（或护照）。

2.1.3 财务信息

查阅供应商的审计报告、财务报表，其中审计报告为具有资质的第三方机构出具。

2.1.4 注册资本和股本结构

查阅供应商的验资报告等资料。

2.1.5 商业信誉

查阅企业相关国家、行业或第三方发布的综合实力、品牌等排名。

2.2 报告证书

2.2.1 检测报告

查阅检测报告。

a) 检测报告符合相应的国家标准、行业标准、国家电网有限公司物资采购标准规定的要求。
b) 国家标准、行业标准规定的检测报告有效期有差异的，以有效期短的为准；国家标准、行业标准均未明确检测报告有效期的，检测报告有效期按长期有效认定。

2.2.2 最新季度 IDC 全球市场份额排名证书

查阅最新季度 IDC 全球市场份额排名证书，有效期应涵盖核实月度。

2.2.3 质量管理体系

具有健全的质量管理体系且运行情况良好，查阅管理体系认证书或其他证明材料。

2.3 产品业绩

查阅供货合同及相对应的合同销售发票。

合同的供货方和实际产品的生产方均为供应商自身。

本文件中所有核实内容都将对供应商参与招投标活动有重要影响，其中标记"※"的内容是以往招标必备项的要求，也是重点核实内容，其他未标记"※"的为一般核实内容。

办公类用品供应商资质能力信息核实规范

目　次

1 范围···138
2 资质信息···138
　2.1 企业信息···138
　2.2 报告证书···138
　2.3 供货业绩···138
3 生产制造···139
　3.1 电子商城···139
　3.2 仓库···139
　3.3 人员···139
　3.4 物流设备···139
　3.5 物流车辆···139
4 售后服务···139

办公类用品供应商资质能力信息核实规范

1 范围

本文件规定了国家电网有限公司对办公类用品供应商的资质条件及配送能力信息进行核实的依据。

本文件适用于国家电网有限公司办公类用品供应商的信息核实工作，包括办公类用品。

2 资质信息

2.1 企业信息

2.1.1 ※基本信息

查阅营业执照。

供应商为中华人民共和国境内依法注册的法人或其他组织。

2.1.2 法定代表人/负责人信息

查阅法定代表人/负责人身份证（或护照）。

2.1.3 财务信息

查阅审计报告、财务报表，其中审计报告为具有资质的第三方机构出具。

2.1.4 注册资本和股本结构

查阅验资报告。

2.1.5 商业信誉

查阅企业相关国家、行业或第三方发布的综合实力、品牌等排名。

2.2 报告证书

2.2.1 增值电信业务经营许可证

查阅增值电信业务经营许可证。

2.2.2 第二类医疗器械经营备案凭证

查阅第二类医疗器械经营备案凭证资料。

2.2.3 质量管理体系

具有健全的质量管理体系且运行情况良好，查阅管理体系认证书或其他证明材料。

2.3 供货业绩

查阅供货合同。

a) 合同的供货方为供应商自身。

b) 合同的购货方应为央企或省级及以上政府机关。

3 生产制造

3.1 电子商城

查阅供应商自有电子商城资料及网址，应为具有面向社会（个人或企事业单位）公开的自有电子商城。

供应商按照年度说明电子商城的总体电商交易规模、企业用户电商交易规模、注册用户数量。

3.2 仓库

查阅不动产权证书、房屋租赁合同及发票等相关资料。

具有独立封闭的仓库，如为租用的仓库需提供租赁合同及发票等相关证明文件。

3.3 人员

查阅人力资源部门管理文件（如劳动合同、人员花名册、社保证明等）、人员资质证书及培训记录。

a) 具有仓储和物流需要的专职人员。一线人员培训上岗，操作熟练。
b) 具有质量管理组织机构、质量管理部门及人员。
c) 具有人员培训记录、上岗资格证书等。

3.4 物流设备

查阅设备的购买合同、发票等相关资料。

a) 具有与仓库相适应的设备，不能租用或借用。
b) 设备使用正常，维修保养记录齐全，设备上的计量仪器、仪表具有检定报告，并在检定合格期内。

3.5 物流车辆

查阅配送车辆的购买合同、发票等相关资料。

a) 具有与配送能力相适应的车辆。
b) 车辆使用正常，维修保养记录齐全。

4 售后服务

查阅不动产权证书、房屋租赁合同及发票等相关资料。配送网点的地址、面积、产权、日期等字段信息需与不动产权证书、租赁合同的信息保持一致，准确真实且符合逻辑。

本文件中所有核实内容都将对供应商参与招投标活动有重要影响，其中标记"※"的内容是以往采购必备项的要求，也是重点核实内容，其他未标记"※"的为一般核实内容。

办公设备供应商资质能力信息核实规范

目　次

1 范围 ··· 142
2 资质信息 ·· 142
　2.1 企业信息 ·· 142
　2.2 产品业绩 ·· 142
3 配送能力 ·· 142
　3.1 仓库情况 ·· 142
　3.2 配送网点 ·· 143
4 售后服务 ·· 143
　4.1 售后服务中心网点 ··· 143
　4.2 售后服务记录 ··· 143

办公设备供应商资质能力信息核实规范

1 范围

本文件规定了国家电网有限公司对办公设备供应商的资质、业绩条件信息进行核实的依据。

本文件适用于国家电网有限公司办公设备供应商的信息核实工作。包括：

a) 打印机。
b) 分体柜式空调。
c) 分体壁挂式空调。

2 资质信息

2.1 企业信息

2.1.1 ※基本信息

查阅企业营业执照。

供应商为中华人民共和国境内依法注册的法人或其他组织。

2.1.2 法定代表人/负责人信息

查阅法定代表人/负责人身份证（或护照）。

2.1.3 财务信息

查阅审计报告、财务报表，其中审计报告为具有资质的第三方机构出具。

2.1.4 注册资本和股本结构

查阅验资报告。

2.1.5 商业信誉

查阅企业相关国家、行业或第三方发布的综合实力、品牌等排名。

2.2 产品业绩

查阅供应商自有品牌的设备的销售业绩供货合同及相对应的合同销售发票。

3 配送能力

3.1 仓库情况

查阅不动产权证书、土地使用权证、产权证、仓库设计图纸、仓库租赁合同、用电客户编号等相关信息。

如长期租用，提供租赁合同等相关证明文件。仓库面积、环境和布局能满足被核实产品的配送要求。

3.2 配送网点

查阅供应商货物配送点明细表,包括名称、地址、联系人、联系方式、营业执照(如有)。

自有网点提供房屋产权所有证;如网点为租赁,提供房屋租赁协议。

4 售后服务

4.1 售后服务中心网点

查阅全国各地售后服务中心网点清单,自有的售后服务中心网点提供证明自有的证明文件。

4.2 售后服务记录

查阅售后服务记录/台账。

本文件中所有核实内容都将对供应商参与招投标活动有重要影响,其中标记"※"的内容是以往招标必备项的要求,也是重点核实内容,其他未标记"※"的为一般核实内容。